Martin Schüller

111 Tipps und Tricks, wie man einen verdammt guten Krimi schreibt

(111)

emons:

Bibliografische Information der Deutschen Nationalbibliothek
Die Deutsche Nationalbibliothek verzeichnet diese Publikation
in der Deutschen Nationalbibliografie; detaillierte bibliografische
Daten sind im Internet über http://dnb.d-nb.de abrufbar.

© Emons Verlag GmbH
Alle Rechte vorbehalten
© der Fotografien: siehe Seite 238–239
© Covermotiv: shutterstock.com/iadams
Layout: Eva Kraskes, nach einem Konzept
von Lübbeke | Naumann | Thoben
Druck und Bindung: CPI – Clausen & Bosse, Leck
Printed in Germany 2018
ISBN 978-3-7408-0460-2
Originalausgabe

Unser Newsletter informiert Sie
regelmäßig über Neues von emons:
Kostenlos bestellen unter
www.emons-verlag.de

Vorwort

Krimiautoren stehen unter Druck. Ständig. Sie sind gezwungen, Entscheidungen zu treffen. Jeden Tag, zahllose. Es sind Entscheidungen über Leben und Tod, über Liebe und Hass, Messer oder Würgedraht, Genitiv oder nicht, groß oder klein, dick oder dünn, zu Fuß oder Auto, Katz oder Maus, PC oder Mac, Kaffee oder Wein, Gott und die Welt – und es hört nicht auf.

Denn Entscheidungen zu und über Krimis treffen nicht nur ihre Autoren. Die am Ende entscheidenden Entscheidungen fallen in Verlag und Buchhandel. Wie wird das Buch heißen? Wie sieht es aus? Wen halten wir für die Zielgruppe? Wie wird es lektoriert? Wie wird es beworben? Liegt es an der Kasse? Steht es wenigstens im Regal? Und was, wenn nicht?

Jede dieser Entscheidungen verdient Beachtung. Und ja, es sind mehr als 111. Wahrscheinlich liegt ihre Zahl eher bei 1.111, aber so viel Platz steht in dieser wunderbaren Reihe leider nicht zur Verfügung. Die 111er-Reihe des Emons Verlags befasst sich nicht nur mit so ziemlich allen Städten der Welt, sondern auch mit schönen Dingen wie Kunst, Musik, Bier, Whisky, Wein und Elefanten (um nur einige zu nennen), und selbstverständlich wäre sie unvollständig ohne einen Band, in dem es um die Entstehung verdammt guter Kriminalliteratur geht. Allerdings gelten die Regeln, die für Städte, Tiere und Getränke gelten, auch für Krimis: von A wie Angst bis Z wie Zufall – pro Kapitel eine Seite Text. Nicht weniger, vor allen Dingen aber auch nicht mehr.

Eine Seite, das ist ungefähr so viel, wie beispielsweise ein BVB-Fan benötigt, um zu erklären, dass er zu Schalke nix zu sagen hat. (Gilt selbstredend auch umgekehrt.)

Zieht man dazu in Betracht, dass es zu jedem Krimi-Thema mindestens eine zweite, meist auch dritte und vierte Meinung gibt, wird klar, dass dem Ganzen mit sehr viel Mut zur Lücke begegnet werden muss. Und darüber hinaus mit dem ebenfalls mutigen Glauben an souverän und selbstbestimmt agierende Autoren. An solche, könnte man sagen, die noch selbst schreiben.

Dieser feste Glaube führt auch dazu, dass es in diesem Buch *nicht* um einzuhaltende Regeln geht – (okay, sagen wir: *fast* nicht). Es geht um Denkanstöße und das Erkennen von Zusammenhängen. Denn jede Entscheidung von Autor oder Verlag hat Auswirkungen, über die man stolpern kann, wenn man nicht mit ihrem Auftauchen rechnet. Schreibstrategien, historische Entwicklungen oder überwölbende Konzepte dürfen hier deshalb mal außen vor bleiben. Wichtig sind eher die mittleren, kleinen und auch sehr kleinen Dinge, über die Krimiautoren einmal nachgedacht haben sollten – und zwar am besten, *bevor* sie sich entscheiden, einen Krimi zu schreiben. Doch auch Menschen, die diese Entscheidung bereits gefällt haben, dürften hier manches finden, das ihnen die Arbeit erleichtert.

Aber nicht nur Autoren, auch Krimi*leser* werden auf Anregungen stoßen. Dieses Buch soll ihr Interesse wecken dafür, wie eine Krimistory überhaupt zustande kommt, aus was sie besteht und wie sie funktioniert – und warum manchmal eben auch nicht.

Es sind nämlich verdammt viele Dinge, die einen verdammt guten Krimi ausmachen. Nicht nur jeder Satz und jedes Wort darin. Es sind viel mehr.

Packen wir's an.

Nachgetragen sei an dieser Stelle, dass in solch kurzen Texten, in denen permanent von schreibenden, lesenden, lektorierenden, buchhandelnden und kritisierenden Menschen die Rede ist, auf das generische Maskulinum oftmals nicht verzichtet werden konnte. Deshalb möchte ich an dieser Stelle alle Lesenden, die sich einem anderen als dem männlichen Geschlecht zurechnen, bitten, die Begriffe Autor, Leser, Lektor, Buchhändler, Kritiker und so weiter auf die jeweilige Tätigkeit und nicht auf den tätigen Menschen zu beziehen. Ich hab's auch nicht getan.

111 Tipps und Tricks

1. Angst
   Kann Flügel verleihen und zu Abstürzen führen | 12
2. Atmosphäre
   Heißer Atem, kühle Brise, dicke Luft | 14
3. Autos
   Aston Martin oder Jaguar E? Passat Kombi! | 16
4. Behörden
   Was deines Amtes nicht ist, da lass deinen Vorwitz | 18
5. Buchhandel
   Freund oder Feind | 20
6. Cliffhanger
   Hängen und hängen lassen | 22
7. Continuity
   Hatten wir noch Zigaretten? | 24
8. Cover
   Man soll ein Buch nicht danach beurteilen, aber … | 26
9. Cozy
   Mord ist okay, aber weh darf's nicht tun | 28
10. Deadline
    Kommste heut nicht, brauchste morgen auch nicht mehr | 30
11. Definition
    Sein oder nicht sein … | 32
12. Dialoge
    Selbstschreibend, nicht selbstredend | 34
13. Dialogstützen
    Murmelgrummelmaulbrummzeter | 36
14. Der Dicke Krimi
    Viel schreiben, wenig kürzen | 38
15. Digitale Kommunikation
    Einszweidrei im Sauseschritt … | 40
16. Drauflosschreiben
    Das große Abenteuer | 42
17. Der Dünne Krimi
    Wenig schreiben, sehr viel kürzen | 44
18. Dummheit
    Leere Köpfe und dicke Kartoffeln | 46

19 — Ehepartner
Problem oder Lösung | 48

20 — Einsamkeit
Man kann sich seine Freunde nicht aussuchen | 50

21 — Einstieg
Aller Anfang ist schwer | 52

22 — Ellipse
Weniger … mehr … | 54

23 — Emotionen
Hart und weich und nicht unter Kontrolle | 56

24 — Erfolg
Auf den Geschmack kommen | 58

25 — Ermittler
Dem Amateur ist nichts zu schwör | 60

26 — Der erste Satz
Er steht und fällt | 62

27 — Erzählperspektive
Eins, zwei, drei, ganz viele … | 64

28 — Erzähltechnik
Was es ausmacht | 66

29 — Exposé
Erst mal wichtig | 68

30 — Fehler
Dazu da, gemacht zu werden | 70

31 — Figurenensemble
Überblick nicht verlieren | 72

32 — Figurennamen I: Vornamen
Einfache Sache, die leicht schiefgeht | 74

33 — Figurennamen II: Nachnamen
Mehr Auswahl, mehr Risiko, mehr Spaß | 76

34 — Fußball
Whisper words of wisdom … | 78

35 — Gerichtsmediziner
Hauptsache, es schmeckt | 80

36 — Gewalt
Es ist schön, wenn der Schmerz nachlässt … | 82

37 — Hacker
Sator arepo tenet opera rotas | 84

38 — Handfeuerwaffen
»Es gibt nichts Stilleres als eine geladene Kanone« | 86

39   Handlung
Passieren sollte schon was | 88

40   Handwerkern
»Also, was ich wirklich toll finde, sind ja Bordüren …« | 90

41   Hardboiled
Die Welt ist schlecht, wir bleiben cool | 92

42   Hauptfigur
Ein weites Feld | 94

43   Hintergrundwissen
Die halbe Recherche. Aber keinesfalls mehr … | 96

44   Historische Krimis
Sind schön, machen aber viel Arbeit | 98

45   Humor
Ein weites Feld | 100

46   Ich-Perspektive
Me, myself, I … | 102

47   Intelligenz
Nicht immer hilft viel viel | 104

48   Justiz
So blind kann man gar nicht sein | 106

49   Künstliche Intelligenz
Software kann echt hart sein | 108

50   Klappentext
Sehr lästig, sehr wichtig | 110

51   Korruption
Klüngel klingt doch viel netter … | 112

52   Krimireihen
Stark anfangen und nicht nachlassen | 114

53   Künstlern
Vita brevis, ars longa | 116

54   Kulinarischer Krimi
Schock oder Wok? Pott oder Plot? Sekt oder Selters? | 118

55   Kurzkrimi
Viel Arbeit für wenig Text | 120

56   Layout
Sein und Schein | 122

57   Lektorat
Liebevoll und schwer erträglich | 124

58   Leser
Die ganz ganz großen Unbekannten | 126

59 — Lesungen I: Die Bühne
Die ganz andere Kunstform | 128

60 — Lesungen II: Der Text
Form follows function | 130

61 — Liebesgeschichte
Ohne ist gut, mit ist einfacher | 132

62 — Literaturagenten
Prozentrechnen müsste man können | 134

63 — Mafia
Was ich nicht weiß … | 136

64 — Mut
Muss man sich leisten wollen … | 138

65 — Mystik
Wer's glaubt, wird gut unterhalten | 140

66 — Ort der Handlung
Woanders is' auch scheiße … | 142

67 — Plagiat
Erwischen lassen verboten | 144

68 — Plot
Richtig wichtig oder nicht? | 146

69 — Prämisse
Henne, Ei oder Ente? | 148

70 — Professionalität
Elfer oder Schwalbe? | 150

71 — Profiler
So oder so ähnlich | 152

72 — Pseudonym
Wer bin ich, und wenn nicht, wer doch | 154

73 — Rauchen
Riecht ja keiner | 156

74 — Reale Vorbilder
Freud hätte Spaß dran | 158

75 — Realismus
Gibt's doch gar nicht … | 160

76 — Recherche I: Setting
Seit wann ist denn hier ein Kreisverkehr? | 162

77 — Recherche II: Hintergrund
Sprungbrett, Stolperfalle, Holzweg | 164

78 — Redundanzen
Mein Vater, mein Vater, jetzt fasst er mich an | 166

79 — Regeln
Dazu da, gebrochen zu werden | 168

80 — Regionalkrimi
Von Nachtigallen und Eulen | 170

81 — Rhythmus, Dynamik, Tempo
Musik, zwei, drei, vier | 172

82 — Schreibblockade
Dauer: zwischen 40 Minuten und 40 Jahren, wirksame Gegenmittel: unbekannt | 174

83 — Schreibtisch
Heimat ist da, wo ich mich wohlfühle … | 176

84 — Schublade
Schnell rein, und dann … | 178

85 — Schutzpolizei
Mein Freund, ich helf dir … | 180

86 — Selbstdisziplin
Wie findet mich die Muse – und wann? | 182

87 — Setting
Die Bühne bereiten | 184

88 — Sexszenen
Scharf und nicht leicht zu dosieren | 186

89 — Sidekick
… holt schon mal den Wagen | 188

90 — Spannung
Stärke und Widerstand | 190

91 — Sprache
Leicht gesagt … | 192

92 — Tagespensum
Eine sehr persönliche Angelegenheit | 194

93 — Thriller
Krimi hoch x | 196

94 — Tiere
Die wollen nur spielen … | 198

95 — Die Todfeindin
Sie mordet schleichend | 200

96 — Trinken I: Im Buch
Kein Alkohol ist keine Lösung | 202

97 — Trinken II: Beim Schreiben
Die einen sagen so, die andern sagen so … | 204

98 — Überarbeiten
Eile mit Weile | 206

99 — Der verdammt gute Krimi
Zum Wesentlichen | 208

100 — Vereinigte Staaten
Hatten es mal besser … | 210

101 — Der Verriss
Humor ist, wenn man trotzdem lacht | 212

102 — VG Wort
Wie die GEMA, nur netter | 214

103 — Waffentechnik
Waffen töten keine Menschen. Kugeln tun es. | 216

104 — Warum
Ich war jung und dachte, es gäb Geld | 218

105 — Whodunit
Die Mutter aller Krimiplots | 220

106 — Whydunit
Wieso, weshalb, warum? Wer nicht fragt … | 222

107 — Worttitel
100 Experten, 111 Meinungen | 224

108 — Zehnfingersystem
Geht schneller, dauert aber etwas länger | 226

109 — Zeitgeist
Er flattert im Wind | 228

110 — Zeitgerüst
Tempus fugit, labor manet | 230

111 — Zufall
Einmal ist keinmal, zweimal ist Mist | 232

1 Angst
Kann Flügel verleihen und zu Abstürzen führen

Krimiautoren haben intensiveren Kontakt zu Angst und Furcht als die meisten Menschen. Angst existiert in vielen verschiedenen Formen und an vielen verschiedenen Orten.

Zunächst zu nennen sind da die eigenen berufsbedingten Varianten: die Angst vor der leeren Seite, die Angst vor dem Abgabetermin, vor dem Lektorat, vor Verrissen, vor den Lesern, vor der Verlagsabrechnung. Lampenfiebrige Panik vor Lesungen und Angst vor Vertragsverhandlungen können hinzukommen, und wahrscheinlich gibt es noch etliche spezielle und persönliche Spielarten, von denen noch niemand etwas gehört hat, weil die Betroffenen lieber davon schweigen. Selbstredend sind alle Formen von Angst unter Autoren so unterschiedlich und ungerecht verteilt wie das meiste unter den Menschen.

Für Krimiautoren kommt noch eine weitere zu beherrschende Ebene hinzu: die Angst ihrer Figuren und deren Vermittlung ans Publikum. Nicht immer leicht abzuwägen, denn ein Held ist einerseits, wie der Name schon sagt, heldenhaft, andererseits werden die Leser ihn nur bedingt als Charakter ernst nehmen, wenn ihm alles am Arsch vorbeigeht. Ein bisschen Furcht muss eine Figur schon haben, um sie zu überwinden; allzu schisserig darf sie aber auch nicht rüberkommen, sonst läuft sie Gefahr, den Lesern auf die Nerven zu gehen.

Angst ist zudem nicht nur ein ganz entscheidender Baustein, sondern quasi die Grundlage der gesamten Krimibranche: die Angst des Publikums vor dem Bösen und sein Streben nach Erlösung von dieser Angst.

Denn Angst zu haben ist ein Zustand, dessen Bewertung sehr von den Umständen abhängt. Ob ich Angst habe, weil ein Text mir schildert, wie ein Psychokiller jemanden durchs Finstere jagt, oder ob ich Angst habe, weil ein Psychokiller *mich* durchs Finstere jagt, macht einen wesentlichen Unterschied: Für Ersteres bin ich bereit, Geld auszugeben.

Man könnte also sagen, es hängen Arbeitsplätze dran.

Zwar essen Angst Seele auf, man kann aber auch Lohn dafür bekommen. Sie ist ein schlechter Rat-, aber guter Ideengeber. Oscarreif mitreißend gefürchtet hat sich Jodie Foster, während die Lämmer schwiegen.

2 Atmosphäre
Heißer Atem, kühle Brise, dicke Luft

So unvermeidlich wie jede Musik Rhythmus hat, hat jede Kriminalgeschichte eine erzählerische Atmosphäre. Sie wohnt ihr inne und ist zwingend vorhanden. Wiederum ähnlich dem Rhythmus verdient sie deshalb größte Aufmerksamkeit.

Genau wie die reale Atmosphäre setzt sie sich aus unterschiedlichen Bestandteilen zusammen. Zum einen sind da die zahlreichen Faktoren des → Settings. So wird nicht nur die Wahl des Handlungsortes die Atmosphäre beeinflussen, auch der Zustand der Figuren, sozial wie körperlich, ihre zwischenmenschlichen Beziehungen und letztlich sogar das Wetter spielen hinein, und zwar unweigerlich. Es gilt, dies kontrolliert geschehen zu lassen. Zu kontrollieren, dosieren und verstärken sind die einzelnen Faktoren zum einen durch die Sprache. Bei der Schilderung von Umgebung, Situation oder Figur können sehr unterschiedliche Adjektive oder Adverbien mit sehr unterschiedlicher Wirkung eingesetzt werden. Hinzu kommt die erzählerische Entscheidung, *was* zu schildern ist, welche Faktoren betont, welche vielleicht ausgespart werden. Ob in einer Szene der schwarze Straßenbelag, die bunte Hauswand oder beides erwähnt wird, hat Auswirkungen.

Die Atmosphäre weckt zudem Lesererwartungen. Die werden durch einen zum Einstieg düster und ernsthaft geschilderten kalten Killer in Richtung Hardboiled gelenkt werden. Notwendig ist die bewusste Entscheidung darüber, ob man diese Erwartungen erfüllen oder enttäuschen will.

Spinnen wir das Beispiel fort und setzen den kalten Killer nun auf einen komischen Alten an. Dessen Existenz wird die Atmosphäre beeinflussen, sie auflockern, auf jeden Fall verändern. Sie kann und darf sogar kippen, nämlich wenn den Lesern klar wird, dass sie auf eine falsche Fährte gelockt wurden und statt eines Hardboiled eine Komödie in der Hand halten.

In der Hand halten müssen sie sie aber noch, sonst haben wir was falsch gemacht.

Ähnlich der Erdatmosphäre bietet die Atmosphäre eines Krimis Raum für freundliche und feindselige Überraschungen jeden Kalibers. Anders als dort können sie allerdings vom Autor dosiert werden. Richtig ist die Dosis, wenn die Leser sich ihr ausgeliefert und dabei wohlfühlen.

3 Autos
Aston Martin oder Jaguar E? Passat Kombi!

In welchem Maß der Charakter eines Menschen die Wahl seines Automobils beeinflusst, ist die eine Frage. Weitaus spannender ist ihre Umkehrung. Geht man das Abenteuer ein, sich auf der linken Spur einer deutschen Autobahn an die Verkehrsregeln zu halten, ist im Rückspiegel zu beobachten, wie sich zärtlich liebende Familienväter in geifernde Zombiejäger verwandeln und gütige Opas in Hannibal Lecter. Liegt das nun an ihrem oft in Süddeutschland hergestellten Kfz? Oder haben sie dieses gekauft, eben *um* am Volant ihrem wahren Wesen die Zügel schießen lassen zu können?

Diese hochinteressante Frage kann hier leider nicht abschließend beantwortet werden. Autoren, im Namen ihres Personals, sind genau dazu allerdings gezwungen.

Im Roman »Goldfinger« ließ Ian Fleming James Bond von Bentley auf Aston Martin umsteigen; eine Entscheidung, die nicht nur die britische Sportwagenschmiede vor dem Konkurs bewahrte, sondern in unser aller Köpfe das Erscheinungsbild eines Doppelnull-Agenten entscheidend geprägt hat. Nicht nur optisch: Einem Aston-Martin-Fahrer trauen wir einfach Dinge zu, von denen ein Bentley-Chauffeur zu schweigen wüsste.

Auch Heftchenheld Jerry Cotton steuert nicht aus Versehen einen Jaguar E durch New York City. Realiter dürfte das schon in den 60ern keine besonders gute Idee gewesen sein – aber Cotton stammt ja auch aus Bergisch Gladbach. Auf der französischen Seite verfügte der sehr coole Citroën 15CV über so viel Kopffreiheit, dass Alain Delon darin Borsalino tragen konnte. Der Wagen passte allerdings sehr viel besser zu Gangstern als zu Polizisten.

Krimi-Polizisten sind ohnehin, was ihre fahrbaren Untersätze angeht, relativ arm dran. Durch alle Stilepochen hindurch bleibt es ihr Schicksal, das Äquivalent eines Passat Kombi zu fahren. Fortbewegungsmittel, die total egal sind und keiner weiteren Erwähnung wert.

Selbstverständlich ist das realistisch. Macht aber keinen Spaß.

Beim Schreiben nicht. Und beim Lesen auch nicht.

James Bonds Aston Martin DB 5 bot bereits 1964 erstaunliche Sonderausstattungen, darunter Maschinengewehre. Unten das Modell, das das ZDF vier Jahre später dem Team um Kommissar Keller als Dienstwagen spendierte (Detailansicht).

4 __ Behörden
Was deines Amtes nicht ist, da lass deinen Vorwitz

Die örtliche Polizei mal außen vor gelassen, sind für Krimiautoren von den *wirklich* zahllosen Behörden in erster Linie jene interessant, die man Sicherheitsbehörden nennen könnte – hießen sie nicht je nach Bundesland unterschiedlich. Überschlägig gezählt kommt man da auf … äh, Moment … Bundeskriminalamt, Bundesamt für Verfassungsschutz, Bundesnachrichtendienst, Bundesamt für Sicherheit in der Informationstechnik, Zentrale Stelle für Informationstechnik im Sicherheitsbereich (nicht verwechseln!), dazu Zollkriminalamt, Militärischer Abwehrdienst, Bundesanstalt Technisches Hilfswerk plus 16 verschiedene (!) Landeskriminalämter, Landesämter für Verfassungsschutz und Katastrophenschutzbehörden … man kommt auf: 56.

In Deutschland. *Nur* in Deutschland.

Dann gibt es natürlich noch Europol in Den Haag, die die Arbeit der Sicherheitsbehörden aller 28 EU-Staaten unterstützt – (wie viele das auch sein mögen) –, und dazu noch Interpol, die sitzt in Lyon. Das ist zwar eigentlich keine Behörde, sondern quasi ein internationaler Polizeiclub, aber für Krimis kann man sie mitrechnen.

So sind wir bei 58. Und sie alle sind in der Lage, eine relevante Rolle in Kriminalgeschichten zu spielen. (Zur Erinnerung: *plus* die örtliche Polizei.)

Bei den LKAs gibt es dazu noch die Staatsschutzabteilungen, die sich oft in direkter Konkurrenz zu den LfVs sehen, die wiederum ungern mit der Polizei über ihre Arbeit reden und sich noch viel ungerner was vom BfV sagen lassen, da könnte ja jeder kommen, und wann wir unsere Akten schreddern, bestimmen wir immer noch selbst.

Die Münchner Kripo hat übrigens vor nicht allzu langer Zeit eine Hausdurchsuchung beim Bayerischen LKA gemacht, wegen Verdacht auf Strafvereitelung im Amt und anderem Kleinkram.

Deutsche Sicherheitsbehörden stehen dem Krimiautor also in mehr als einer Hinsicht gern zur Verfügung.

Cyril Northcote Parkinson formulierte die Parkinson'schen Gesetze über das Funktionieren von Bürokratie. Aus ihnen folgert, dass Verwaltungen ab einer gewissen Größe dazu neigen, sich ausschließlich mit sich selbst zu beschäftigen. Deutsche Sicherheitsbehörden tun das sehr gern.

5 Buchhandel
Freund oder Feind

Die Beziehung zwischen Buchhandel und Autoren ist eine ambivalente. Zuvörderst ist festzustellen, dass es *den* Buchhandel genauso wenig gibt wie *die* Krimiautoren. Da wie dort ist jeder Jeck anders, fast wie im richtigen Leben.

Der Buchhandel erfüllt eine Reihe kultureller Aufgaben, die nicht gering zu schätzen sind, auch wenn die flächendeckende Versorgung mit Buchhandlungen von den Apologeten des Online-Handels mittlerweile für überflüssig gehalten wird. (Der daran hängende Diskurs würde hier den Rahmen sprengen.)

Zur Ambivalenz des Verhältnisses Autor–Handel führt die kuratorische Vorauswahl, die der Buchhändler trifft. Beim Betreten einer Buchhandlung stellen sich Autoren zwei Fragen: Ist mein Buch vorrätig? Wenn ja, liegt es an der Kasse? Die Chance auf ein oder gar zwei Ja ist verschwindend gering. Vorrätig haben Buchhandlungen Bücher, von denen sie annehmen, sie gut verkaufen zu können. Der örtliche Regionalkrimi wird gewiss darunter sein. Andere gewiss nicht. Genauso gewiss werden die Top Ten der Bestsellerlisten vorhanden sein und Bücher, die im TV empfohlen wurden.

Für die überwiegende Zahl deutscher Krimiautoren gilt, dass außerhalb ihrer Heimatstadt ihr Buch bestellbar, aber nicht vorrätig ist. Ist es anders: Herzlichen Glückwunsch – du hast Erfolg.

Direkten Kontakt zu Buchhändlern bekommen Autoren bei Lesungen. Hier wird die Ambivalenz besonders deutlich, spätestens bei den Honorarverhandlungen.

Die Betonung bei Buchhandel liegt auf Handel, was keinesfalls ehrenrührig ist. Der Anteil eines Buchhändlers am Ertrag eines Buches liegt bei etwa 40 Prozent. Rentiert sich das nicht, wird er das Geschäft aufgeben.

Rechneten Autoren mit ihren fünf bis zehn Prozent ähnlich, würde sich die Zahl der Neuerscheinungen – und die der Verlage – vermutlich halbieren. Dem Buchhandel wäre es wahrscheinlich egal.

Den Lesern auch.

Wortmetz-Legende und Edgar-Allan-Poe-Übersetzer Arno Schmidt hat vorgerechnet, dass ein lebenslang sehr fleißig lesender Mensch es bis zu seinem Ende auf 3.000, allergünstigstenfalls 5.000 Titel gebracht haben wird. Auf der Frankfurter Buchmesse werden um die 90.000 deutschsprachige Neuerscheinungen präsentiert. Jedes Jahr. Leipzig zählt extra.

6 Cliffhanger
Hängen und hängen lassen

Der Cliffhanger hat seinen Namen aus der Zeit des frühen Kintopp. Filme waren noch kurz. Populär waren wöchentlich fortgesetzte Abenteuergeschichten.

Damit das Publikum der Fortsetzung entgegenfieberte, blieb der Held in der Schlussszene gern scheinbar ausweglos an einem Kliff hängen. Selbstverständlich stellte sich in der Woche darauf die Situation nicht ganz so ausweglos dar wie angenommen, der Held wurde gerettet, um am Ende der Episode, sagen wir: gefangen in einer Höhle von unaufhaltsam aus den Wänden dringenden Eisenstacheln bedroht zu werden.

So weit, so einleuchtend. Aber auch in einem Krimi ohne Fortsetzung helfen Cliffhanger ungemein im Kampf gegen unsere →Todfeindin, die Langeweile. Sie unterstützen den Autor bei seinem niemals nachlassenden Bestreben, den Leser bei der Stange zu halten, und zwar möglichst begeistert (im Idealfall sind sogar beide begeistert, Leser *und* Autor).

Die meisten Krimis werden heute aus mehreren Perspektiven erzählt, und gerade hier sind Cliffhanger leicht zu konstruierende Hilfsmittel. Wechselt die Erzählperspektive mit dem Ende einer Szene, empfiehlt es sich oft, diese dramatisch nicht komplett abzuschließen. Wenn wir den Leser in die nächste Perspektive schicken, sollte er bereits neugierig auf die Rückkehr sein. Im Optimalfall gelingt das in der nächsten Perspektive auch, der Leser beeilt sich durch die Szenen, um zu erfahren, wie die jeweils andere weitergeht, er beginnt mitzufiebern (nimm das, Todfeindin!).

Cliffhanger gibt es in jeder Größe oder, um im Bild zu bleiben, Höhe. Es muss nicht immer ein Felsvorsprung sein, mitunter reicht ein Mäuerchen: Eine Tür geht auf, wir wissen nicht, wer hereinkommt; die Heldin geht entschlossen los, wir wissen nicht, wohin; der Held starrt auf einen geöffneten Brief, wir wissen nicht, was drinsteht.

Idealerweise allerdings – hängt jemand an einem Kliff.

Manche Cliffhanger beschäftigen die halbe Welt und das ganze Internet. Mittlerweile darf man es aber verraten, ohne verklagt zu werden: John Schnee ist *nicht* tot.

7 — Continuity
Hatten wir noch Zigaretten?

Der Begriff Continuity stammt aus der Welt der Filmkunst und hat es noch nicht in den Duden geschafft, weswegen nicht sicher ist, ob ihr Geschlecht weiblich ist. Zu Deutsch könnte man sie Anschluss nennen, aber irgendwie klingt das unschön lapidar. Beim Film werden Leute dafür bezahlt, auf sie aufzupassen.

Sie ist die kleine Schwester des →Zeitgerüstes, ein Teufelchen, das sich gern in den Details versteckt. (Man achte auf die Einschusslöcher in der Wand hinter John Travolta und Samuel L. Jackson, *bevor* der Mann mit der Wumme reinkommt.) Wird die Continuity zu wenig beachtet, nutzt sie das gern, um unbemerkt zu verschwinden. Dann drohen dem Kriminalroman ähnliche Gefahren wie dem Film. In einzelnen Szenen und auch in den längeren Erzählbögen.

In der Einzelszene sind es vor allem die Bewegungen der Personen im Raum, die im Auge behalten werden müssen. Die Frage, wer wo sitzt oder steht, wer von wo nach wo geht, muss immer mit Blick nach hinten beantwortet werden. Genau wie im Film spielen Zigarettenlängen eine Rolle.

Schwieriger wird es auf die lange Distanz: War die Bäckereifachverkäuferin von Seite 234 auf Seite 44 auch schon brünett? Hat der Held noch Benzin im Tank, wenn er ins Auto steigt? Trank die Heldin den Drink mit oder ohne Eis? (Beim Nachschauen hilft die Suchen-Funktion sehr.)

Hier Fehler komplett zu vermeiden lappt ins Aussichtslose, aber ihre Zahl sollte so klein wie möglich gehalten werden. Das geht nur durch ständiges Befragen des Geschriebenen nach seiner Vorgeschichte. Listen helfen nur, wenn man vorher weiß, was man hinterher brauchen wird – also allenfalls bedingt.

Das Ganze ist eine so anstrengende Übung, dass mancher sie lieber bequem ans Lektorat delegiert. Das wird den ein oder andern Patzer auch zuverlässig entdecken. Genauso zuverlässig wird es den ein oder anderen übersehen. Aber umso weniger, je weniger vorher drin waren.

Also aufpassen.

Auch wenn man es zunächst gar nicht merkt: Mangelnde Aufmerksamkeit gegenüber der Continuity kann dazu führen, dass es hinterher an der entscheidenden Stelle hakt.

8 Cover

Man soll ein Buch nicht danach beurteilen, aber ...

Die Umschlaggestaltung eines Krimis bleibt dem Einfluss des Autors in den meisten Fällen entzogen. Das klingt bedauerlicher, als es ist. Denn in der Regel (leider aber bei Weitem nicht immer) sitzen in den Verlagen Menschen, die eine professionelle Vorstellung davon haben, wie so ein Cover auszusehen hat. Und sehr häufig (wenngleich ebenfalls nicht immer) unterschätzen Autoren die Ansprüche, die eine professionelle Gestaltung an den Gestalter stellt.

Viele Verlage, gerade auch jene, die Krimireihen be- und vertreiben, geben den einzelnen Reihen jeweils typische Designs. Häufig wird zum Beispiel auf allen Umschlägen die gleiche Typo benutzt. Wer sich jetzt fragt, was eine Typo ist, zählt zu jenen Autoren, die das mit der professionellen Gestaltung nicht so draufhaben. (Typo steht als Kurzwort für Typografie, das Zusammenspiel von Schriftart, Schriftgröße, Schriftfarbe, Zeilenabständen und so weiter. Auch im Buchinneren wichtiger, als das Autoren in der Regel bewusst ist.)

Klarmachen muss man sich zudem, dass sich Cover und Leser zueinander verhalten wie der Köder zum Fisch. Dem Angler – also dem Autor – muss der Wurm nicht schmecken. Und da ist noch der Angelhaken – in unserem Bild entspricht er dem Buchhandel, womit der Vergleich dann auch heftig zu hinken beginnt.

Denn auch dem Haken muss der Wurm nicht schmecken, das Cover dem Buchhandel aber umso mehr. Erwartet und gern genommen werden hier originelle, farbenfrohe Umschläge, die aber erstens nicht zu außergewöhnlich und zweitens nicht zu bunt sein sollten.

Das Bildmotiv für Krimis sollte mitreißend, aber nicht verstörend, blutig, aber nicht brutal sein. Was das Motiv angeht, so hat der Autor hier oft ein Vorschlagsrecht, denn gute Ideen sind immer und überall Mangelware. Sollte der Krimi in Bayern spielen, muss unbedingt eine weiß-blau karierte Tischdecke mit drauf.

Der Buchhandel ist sich sicher, dass man grüne Bücher nicht verkaufen kann. Deswegen bietet man sie ihm am besten gar nicht erst an, wodurch er sie erst recht nicht verkauft. Karl May war nur ein Ausreißer. Der »Herr der Ringe« auch.

9 Cozy
Mord ist okay, aber weh darf's nicht tun

Manche schreiben ihn mit s in der Mitte, manche nennen ihn Kuschel- oder Häkelkrimi. Wie auch immer: Der Cozy-Krimi ist schon vom Begriff her ein Widerspruch in sich. Ein Krimi erzählt von Gewalt, von Verbrechen und Tod, von Schuld und Sühne. Das kann eigentlich nicht kuschelig sein, weder mit z noch mit s.

Aber trotzdem.

Der Cozy-Krimi wird mindestens so gern geschrieben wie gelesen, er ist eine nicht wegzudiskutierende wirtschaftliche Tatsache, an der sich kaum ein Krimiverlag vorbeitraut, und es ist ihm total egal, dass er von der Kritik in der Regel komplett ignoriert wird. Das kann er sich nämlich leisten. Er ist derart beliebt, dass die Frage nach dem Warum schon Beachtung verdient.

Der wesentliche Grund seines Erfolges ist, dass er niemanden überfordert. Und nicht überfordert zu werden ist ein nicht zu vernachlässigender Anspruch eines nicht zu unterschätzenden Teiles der Leserschaft.

Der Cozy-Krimi überfordert nicht mit Komplexität, nicht mit Geschwindigkeit, nicht mit zu ausgefallenen Charakteren und schon ganz und gar überhaupt niemals nicht mit Brutalität. Leichen liegen dekorativ herum, an schönen Orten mit angenehmem Wetter, sie schmutzen wenig, und die Gesamtsituation bleibt auch nach ihrem Fund entspannt. Alles dauert seine Zeit, und die nehmen sich Autor und Leser gern. So wird auch der Autor nicht überfordert. Er darf dem Leser Schönes schön und in Ruhe schildern. Kleidung und Herkunft auch randständiger Figuren dürfen eine Rolle spielen. Auf komplizierte → Ellipsen und unangenehme Details kann verzichtet werden, genau wie auf harte Schnitte oder Straffungen. Der Täter muss auch nicht gejagt werden, sondern wird gern, vorzugsweise im gleichen Haus wie der total nette Ermittler, ruhig und gelassen darauf warten, von diesem überführt zu werden.

Und ja, es steht Krimi vorn drauf.

Viel Erfolg.

Hier möchte man tot über'm Zaun hängen. Das Landhaus ist das natürliche Habitat des Cozy-Krimis. Es bietet wunderschöne Leichenfundorte und ist geeignet, eine Gruppe verdächtiger Menschen so lange von der Außenwelt zu isolieren, bis der Täter bei einem Glas Portwein zum Geständnis überredet wird. Trockener Sherry oder eine Tasse Tee tun es auch.

10 Deadline

Kommste heut nicht, brauchste morgen auch nicht mehr

Das Wort »Deadline« steht im Duden und bezeichnet den allerallerletzten Termin, an dem man seinen Text beim Verlag abgegeben haben muss. Genauer: abgegeben haben MUSS!

Für manche Autoren ist die Deadline das Termin gewordene Grauen. Einige weigern sich sogar, ihre Existenz zur Kenntnis zu nehmen. Dabei gibt es sie aus gutem Grund. Denn auf der anderen Seite sitzen Leute auf glühenden Kohlen. Es ist ja nicht so, dass Lektoren oder Korrektoren, Grafiker oder Layouter (um nur einige zu nennen) däumchendrehend darauf warten, endlich etwas zu tun zu bekommen. Verlage disponieren im Voraus genau und eng die Zeiten, in denen ein abgegebener Text zur Druckreife gebracht wird. Und dort, wo er gedruckt wird, in der Druckerei, stehen einige sehr imposante und sehr, sehr teure Maschinen, deren Betreiber gern möglichst früh wissen möchten, wann und von was sie wie viele Exemplare herstellen sollen. Anrufe mit dem Inhalt »Ja, sorry, dass Sie Ihre Leute morgen fürs Rumstehen bezahlen müssen, aber der Autor hat noch ein Problemchen mit dem Nebenstrang. Nichts für ungut« drücken da schnell mal aufs Geschäftsklima.

Und der Vertrieb findet es auch nicht toll, zu erfahren, dass es mit dem Weihnachtsgeschäft leider nix wird oder der Mallorcakrimi doch erst *nach* den Sommerferien kommt. Es kann sogar passieren, dass ein Buch auf die Tour aus dem Programm rutscht. Das Erscheinungsdatum verschiebt sich dann nicht analog zur verspäteten Abgabe. Sondern um ein Jahr. Können auch anderthalb werden.

Dabei ist die Deadline besser als ihr Ruf, und zwar erheblich. Große Teile der Kriminal- und der Weltliteratur würden ohne sie gar nicht existieren. Denn ganz besonders beim Schreiben neigt Arbeit dazu, sich mit der zur Verfügung stehenden Zeit auszudehnen. Ohne Deadline säße mancher Bestsellerautor heute noch verzweifelnd an seinem Erstling.

Es gibt sogar Autoren, die ohne Deadline gar nicht erst anfangen mit der Arbeit. Das ist nicht das Dümmste.

Émile Zola schmiedete seinen Stil auf dem schrecklichen Amboss des täglichen Abgabetermins. Rita Mae Brown hält die Deadline für eine negative Inspiration und als solche für immerhin besser als gar keine. Douglas Adams liebte an Deadlines vor allem das fauchende Geräusch, mit dem sie vorbeifliegen.

11 Definition
Sein oder nicht sein …

Um die Definition des Krimis wird seit Langem gerungen. Immer wieder tauchen neue Varianten auf, im Zeitalter von Wikipedia ist die Frequenz noch angestiegen. Und jede sich verbreitende neue Version führt zu heftigen Diskursen in den einschlägigen Foren. Generell sind kulturelle Diskurse ja stets zu begrüßen, aber dieser führt keinen Schritt weiter. Eher im Gegenteil: Da aus dem Krimi ständig neue Untergattungen hervorsprießen, wird es immer unübersichtlicher.

Zu beschreiben, was ein Krimi ist, stellt sich schon bei oberflächlicher Betrachtung als sehr komplex dar. Gefragt wäre nach den Gemeinsamkeiten von klassischer Detektivgeschichte, Spionage-, Gangster-, Verschwörungsstory und dem Thriller in all seinen Spielarten – diese Aufzählung erhebt keinerlei Anspruch auf Vollständigkeit. Welche gemeinsamen Kriterien erfüllen diese Subgenres?

Den Versuch einer Antwort mag man wagen, und, wer weiß, er könnte gelingen. Nur leider wäre damit so gut wie nichts gewonnen.

Denn dem Begriff der Definition wohnt ein mieser und gar nicht so kleiner Haken inne: Es geht nämlich nicht nur um das, was einem Begriff entspricht, sondern – genauso wichtig – auch um das, was dies eben *nicht* tut.

Dieser entscheidende Unterschied zwischen Beschreibung und Definition wird ebenso gern übersehen wie vergessen. Krimi als umfassende Gattung zu *beschreiben* mag möglich sein. Die Definition aber müsste gleichzeitig und zweifelsfrei festlegen, was dagegen *kein* Krimi ist.

Arg verkürzt lautet die Frage: Ist »Macbeth« ein Krimi, oder warum ist er keiner?

Bei dem für die Antwort absehbar zu betreibenden Aufwand sollte die nächste Frage vielleicht sein, welchen Gewinn so eine wasserdichte Definition eigentlich brächte – und wem.

Krimiautoren jedenfalls können drauf verzichten, Verlage auch und Buchhändler sowieso. Denn vor allem Letztere wissen: Krimi ist, wo Krimi draufsteht.

Die Räuber.

Friedrich Schiller kam zu früh für den Deutschen Krimipreis, denn den verleiht das Bochumer Krimi Archiv erst seit 1985 – an deutsche und internationale Krimis, gern aber auch an Thriller jeder Art und mitunter sogar an Bücher, wo vorn Roman draufsteht.

12 Dialoge
Selbstschreibend, nicht selbstredend

Auch im Krimi erfüllen Dialoge die ein oder andere literarische Aufgabe, die über das Zeilenschinden hinausgeht. (Wobei dies auch nicht ganz vergessen werden muss: Mit ›»Echt?«, fragte er. – »Ja klar«, antwortete sie.‹ hat man bereits zwei Zeilen geschafft. Schon sind es nur noch 9.998.)

Dialoge charakterisieren die handelnden Figuren; nicht nur über das Gesagte, sondern auch über die Sprache, die soziale Umfelder darstellen kann, Bildung und auch Stimmung. Und nicht zuletzt helfen sie beim Transport des Plots, zum Beispiel wenn Figuren Informationen erhalten, die sie zum Handeln zwingen.

Man sollte meinen – und einige tun das auch unbedacht –, dass das Schreiben von Dialogen zu den einfacheren Aufgaben des Autors gehört. Quasi jeder spricht – muss also doch nur hingeschrieben werden, das Ganze.

Dass das Gegenteil der Fall ist, kann man vielerorts studieren, sehr gut zum Beispiel sonntags um 20:15 in der ARD. Nicht allen Schreibenden gelingt es, ihren Figuren eine Sprache anzudichten, die sie zu glaubwürdig Sprechenden macht. Doch genau darum geht es: um Glaubwürdigkeit, nicht um Authentizität. Denn ein authentischer, realer Dialog wimmelt von Füllwörtern und Gestammel; auch ist in den meisten Fällen der Umgang mit Dingen wie Semantik, Grammatik oder Sinn eher lax. Im wahren Leben wird das Ganze durch → Redundanzen aufgefangen. Geschrieben und gelesen wirkt es schnell absurd.

Die Glaubwürdigkeit der Sprache einer Romanfigur hängt allerdings aufs Engste mit der Figur selbst zusammen. Ist deren Charakter nicht schlüssig gezeichnet, kann der Autor sie auch nicht glaubhaft sprechen lassen.

Und last, but not least sind Dialoge auf einem weiteren Feld unverzichtbar: Da Grimassen und fliegende Torten im Buch eher schlecht funktionieren, bietet ein Dialog die einfachste und variabelste Möglichkeit, Humor ins Spiel zu bringen.

Keine Ermittler, aber sehr viele Kriminelle und epochemachend coole Dialoge. Wer hätte sich vor »Pulp Fiction« schon Gedanken gemacht über den Einfluss des metrischen Systems auf die Speisekarten amerikanischer Fast-Food-Ketten?

13 Dialogstützen
Murmelgrummelmaulbrummzeter

Ein Thema, so banal, dass es nicht mal einen offiziellen Namen hat. Was überhaupt kein Grund ist, es zu vernachlässigen. Den »Redebegleitsatz« sucht man im Duden vergeblich. Den »Begleitsatz« findet man auf Wikipedia in Texten über wörtliche Rede, aber auch in Bezug auf mehrstimmige Chorstücke. Der »Ankündigungssatz« tummelt sich eher in der Schweiz und in Österreich – dass er auch nach hinten gestellt werden kann, wirkt für eine Ankündigung zudem ein bisschen albern. Also greife ich zur Selbstermächtigung.

»Es heiße ›Dialogstütze‹«, sagte der Autor.

Das Wort stammt nicht von mir, sondern von jemandem, der es eigentlich wissen müsste (es aber wohl nur vorgetäuscht hat).

Die Formulierung »…«, *sagte (wer auch immer)* ist während der schriftlichen Schilderung von Gesprächen meist unverzichtbar, aber lästig. Genutzt werden sollte sie nur, wenn klargestellt werden muss, wer gerade spricht. Das heißt: so selten wie möglich. Sprechen aber mehr als zwei Personen miteinander, kann das recht häufig sein.

»…«, *sagte* wirkt beim Hinschreiben meist unelegant, zumal in der Wiederholung. Unbedingt klarmachen muss man sich aber, dass es beim Leser völlig anders ankommt. Anders (*gaaanz* anders) als im Fließtext sind Wiederholungen hier nicht nur zulässig, sie sind gewollt. Denn auch das sechste, siebte, achte »…«, *sagte* werden die Leser nicht als sprachliche Form wahrnehmen, sondern als reine Information.

Will sagen: Man liest drüber weg.

Versuche, hier Wiederholungen zu vermeiden, führen regelmäßig auf zum Teil arge Holzwege. Wichtig ist, dass eine Person nur murmelt, wenn sie *wirklich* murmelt. Gleiches gilt für rufen, schreien oder brüllen. Sie, die Person, mault nicht, meint nicht und meckert nicht.

Vor allem aber: AUF GAR KEINEN FALL lacht, schmunzelt oder grinst eine Person etwas.

Niemals.

Basta.

»Aber wieso denn?«, greinte Laura. »Weil ich es will«, grinste er böse. »Du hast hier gar nichts zu wollen!«, maulte sie. »Was ich zu wollen habe, werdet ihr noch sehen!«, marschierte er hämisch lachend zur Tür hinaus. (Aus »Tot in Niederdörflingen« von Tatjana Gschaftlhuber.)

14 — Der Dicke Krimi
Viel schreiben, wenig kürzen

Das Volumen von Büchern wird unterschiedlich bewertet, je nach Standpunkt. Der wichtigste ist der der Leser respektive Käufer. Zwar gibt es hier keine einheitliche Haltung, aber eine starke Minderheit vertritt die Meinung, dass ein Buch erst ab 500 Seiten ein Buch sei.

Aus Käufersicht ist das Dicke Buch die günstigste Entertainmentform überhaupt. Tausendseiter gibt es in gebundenen Originalausgaben schon für 2,50 pro 100 Seiten, bei Taschenbüchern rutscht das schnell auf unter einen Euro. Eine Menge Zeitvertreib für wenig Geld.

Das Bild, das sich den Lesern bietet, hat allerdings eine Rückseite, sie ist, wie bei den meisten Bildern, eher unansehnlich. Sie bietet sich den Herstellern und Vertreibern, also den Verlagen und Händlern. Dass Dicke Bücher relativ billiger verkauft werden, heißt nämlich nicht, dass sie entsprechend billiger in der Herstellung sind. Lektorat und Korrekturlesen zum Beispiel kosten pro Seite, sind beim Dicken Buch also nicht preiswerter. Papierhersteller verkaufen Papier auf Rollen, ob daraus dicke oder dünne Bücher werden, ist ihnen egal, und tausend Tausendseiter zu lagern und zu transportieren ist und bleibt teurer als tausend Dreihundertseiter.

Eine weitere Gruppe mit eigenem Blick auf das Dicke Buch sind die Autoren. Hier huldigt eine überzeugte Fraktion dem hemmungslosen Fabulieren; etliche ihrer Mitglieder tun das mit Erfolg, wenige allerdings mit Recht.

Im Fantasy- und Romantik-Sektor mag das Dicke Buch sich heimisch fühlen, das Krimigenre aber in seinem Streben nach Auflösungen steht dem Epischen eher entgegen. Und der Raum, den es braucht, Biografien randständiger Nebenfiguren aufzuarbeiten oder Verflechtungen fiktiver Gangstergruppierungen mit ebensolchen Ermittlungsbehörden, ist nur schwer sauber zu halten.

Und gerade hier nistet sie besonders gern, unsere alte → Todfeindin, die Langeweile.

Der laut der zuständigen Firma Guinness dickste Krimi (322 Millimeter) beinhaltet alle Miss-Marple-Texte von Agatha Christie, das sind zwölf Bücher und 20 Kurzgeschichten. Dem Vernehmen nach ist die Lektüre eher umständlich.

15 Digitale Kommunikation
Einszweidrei im Sauseschritt ...

Howard Hawks wird die Bemerkung zugeschrieben, das Flugzeug sei das Schlimmste, was der amerikanischen Filmkomödie zustoßen konnte – weil den handelnden Personen einfach keine Zeit mehr bleibe.

Man ahnt, was er meinte, aber gegen das, was Krimiautoren vom Handy und seinen Nachfolgern angetan wird, ist das ein eher niedliches Problem.

Unterschiedlicher Informationsstand des Personals war früher ein selbstverständliches Mittel zur Spannungserzeugung. Die eine Figur reagiert auf ein Geschehen, von dem die andere noch keine Ahnung hat. Heute muss das meist erklärt werden. Figuren können jederzeit Infos austauschen. Öffentliche Informationen stehen dem gesamten handelnden Personal in Echtzeit zur Verfügung. Wie im richtigen Leben halt.

Noch heute leben Menschen, die in einer Zeit groß geworden sind, in der mitunter der Besitz von zwei Zehn-Pfennig-Stücken darüber entschied, ob man ein Telefongespräch führen konnte – falls man eine Telefonzelle fand. (Die 110 war zwar gebührenfrei, aber im Krimi ist das ja oft genug die Nummer, die man gerade *nicht* anrufen will.)

Heute braucht es für jede nicht zustande gekommene Fernkommunikation eine erzählerische Entschuldigung. Dass das Funkloch dafür mit fortschreitendem Netzausbau immer mehr ausfällt, verkompliziert es weiter. Durch die unterschiedlichen, sich rasant weiterentwickelnden oder urplötzlich auf dem Markt erscheinenden Neuformen der Sprach-, Text- und Videokommunikation wird es auch nicht leichter.

Das Erzeugen dramatischer Zeitnot durch das Sich-Verfahren oder -Verirren handelnder Figuren wird durch Navis und Apps erklärungsbedürftig (dass man sie damit in Flüssen oder Mooren versenken kann, ist kein Ersatz). Und will man jemanden spurlos verschwinden lassen, muss man dran denken, ihm das Handy wegzunehmen.

Am schlimmsten aber ist, dass man am Ende den Hörer nicht mehr auf die Gabel knallen kann.

Die zwischen dem Senden einer Nachricht und dem Empfang der Antwort vergehende Zeit kann und sollte erzählerisch auf unterschiedliche und möglichst vielfältige Weise genutzt werden. Je nach angewandter Kommunikationstechnik kann die aber verdammt lang werden.

16 Drauflosschreiben
Das große Abenteuer

Konsens in weiten Teilen der Krimischreibergilde ist, dass vor dem Schreiben das Plotten zu stehen hat. Dieser Meinung ist weder Hand noch Fuß abzusprechen, doch wie so viele Meinungen ist sie nicht die einzig richtige. Der Hinweis, dass zu detailliertes Plotten die Entwicklung der Figuren behindere, ist auch nicht zu ignorieren, und die Figurenentwicklung zählt mancher zum Schönsten, was der Beruf zu bieten hat.

Figuren schreibend zu entwickeln, quasi in Echtzeit, ist eine Herausforderung, aber es gibt Autoren, die nie anders arbeiten. Ihnen genügt ein Setting, eine coole Hauptperson oder auch nur eine starke Einstiegsszene. Plot und Personal entwickeln sich beim Schreiben. Das führt mit einer gewissen Zwangsläufigkeit zu Plots im Wortsinne: einer Abfolge aufeinander aufbauender oder voneinander abhängender Ereignisse und Handlungen. Eine Person handelt, andere reagieren darauf und so weiter. Das kann sehr unmittelbar, intensiv und mitreißend sein. Und selbst wenn zwischendurch das Ziel des Ganzen aus dem Blick von Autor und Leser gerät, muss das nicht unbedingt problematisch sein. Einige Klassiker des Hardboiled bestehen aus derart dichten Abfolgen von Aktion und Reaktion, dass der Plot am Ende gar keine Rolle mehr spielt. Irgendwann ist dem Leser schlicht egal, wer wen wann wo umlegt, Hauptsache, es passiert. Action und Atmosphäre ersetzen stringente Handlung.

Ist das schlecht? Wer würde wagen, das zu behaupten?

Es lohnt sich, so etwas zumindest einmal zu versuchen – sei es nur, um herauszufinden, ob man es kann. Alles, was man riskiert, ist Arbeitszeit.

Davon allerdings eine ganze Menge. Denn es kann passieren, dass nach 180 Seiten mitreißender Action der Knoten der Handlungsfäden auch beim besten Willen nicht mehr aufzudröseln ist.

Dann schmeißt man das Ganze in den Papierkorb. Und fängt wieder an zu plotten.

Aber wenigstens hat man's versucht.

175 Romane, 150 Erzählungen, 1.000 Kurzgeschichten, 200 Groschenromane. Dass da keine Zeit zum Plotten bleibt, ist nachvollziehbar. Zu einem Denkmal hat es trotzdem gereicht: Georges Simenon, das Beste, was Belgien hervorgebracht hat, neben Jaques Brel und Pommes frites.

17_ Der Dünne Krimi
Wenig schreiben, sehr viel kürzen

Nicht unähnlich dem Dicken Krimi hat der Dünne Krimi Bewunderer und Gegner in verschiedenen Gruppen.

Ökonomisch stellen sich dünne Bücher anders dar als dicke. Viele Posten in der Herstellung sind relativ günstig, der Preis ist relativ hoch – zehn Euro für 160 Seiten sind gut doppelt so viel wie 25 für 1.000.

Trotzdem sind Verlage bei dünnen Krimis eher zögerlich, denn nicht wenige Leser rechnen das tatsächlich nach und kaufen entsprechend widerstrebend. Allerdings sind auch nicht wenige bereit, da mal fünfe gerade sein zu lassen. Oft sind das Puristen mit einem gewissen Anspruch an Inhalt und textliche Form. (Es gibt auch welche, die mögen, dass es im Bett bequemer zu halten ist oder auf dem schmalen Regal über dem Klo nicht so viel Platz wegnimmt – diese Gruppen vernachlässigen wir hier mal.)

Der Dünne Krimi kommt schon durch sein schlankes Format anspruchsvoll daher, manchmal sogar arrogant. Er vermittelt von Anfang an: Hier stehen nur wichtige Sachen drin, hier geht es um den Kern, hier gibt es auf die Zwölf. Das sind zunächst mal keine schlechten Voraussetzungen für eine gute Krimistory, aber die kurze Form stellt hohe Hürden vor den Erzähler.

Im Idealfall ist der dünne Krimi das Kondensat einer langen Geschichte. Ständig unter Spannung, die Protagonisten immer unter Druck, der Leser permanent gefesselt. (Zugegeben, im *Idealfall* gilt das auch für dicke Krimis, aber …)

Dünn-Krimi-Autoren dürfen keine Fabulierer sein. Für ausschweifende Reisen durch satt gemalte Welten fehlt schlicht der Platz – und natürlich erwarten Dünn-Krimi-Leser so etwas auch nicht. Sie (dürfen) erwarten, dass die Zahl von Adverbien und Adjektiven gering bleibt, dass Liebesgeschichten auch mal weggelassen werden und dass niemand schon mal den Wagen holt. Gekocht wird auch wenig.

Allerdings gibt es immer wieder auch dünne Krimis, die sind einfach nur – dünn.

Dünne Bücher müssen den Anspruch haben, es wirklich auf den Punkt zu bringen. Aber man kann es natürlich auch übertreiben.

18 Dummheit
Leere Köpfe und dicke Kartoffeln

Über kaum ein Thema gibt es so viele Aphorismen und schlaue Sprüche wie über die Dummheit. Die meisten allerdings über die Dummheit der anderen. (Das wollen wir mal im Hinterkopf behalten.)

Dummheit von außen kann auf vielen Ebenen Werk und Schaffen beeinflussen. Diese Faktoren sind vom Schreibenden schlecht zu kontrollieren, und es ist nicht weise, sich über Dinge zu echauffieren, die man nicht ändern kann. Aber immerhin genießen wir Autoren den Luxus, selbst über die Dummheit einer ganzen Gruppe entscheiden zu können: die unserer Figuren.

Die wirklich dummen unter ihnen machen es einem nicht leicht. Erzähltechnisch haben sie mehr Nach- als Vorteile. Der größte Nachteil ist die Schwierigkeit, Leserempathie für sie zu erzeugen. Protagonisten müssen vom Leser ernst genommen werden, sonst wird die Konstruktion der Story kaum tragen. Erkennbar dumme Figuren aber werden als schwach wahrgenommen. Als Witzfiguren sind sie ebenfalls nicht leicht zu handhaben, denn Scherze auf Kosten Schwacher funktionieren selten. Um mehr als Mitleid für sie zu erzeugen, braucht eine dumme Figur andere Begabungen – echte Treue oder unschuldige Liebe etwa. Im Krimi geht natürlich auch brutale Gewalttätigkeit.

Vorteile bieten dumme Figuren allenfalls im → Realismus. Denn unter den realen Kriminellen ist ein erheblicher Prozentsatz in echt strunzdoof – man lese Polizeiberichte. Ihre Dummheit macht sie allerdings nicht ungefährlich. Im Gegenteil. Dummheit macht blind für Konsequenzen, Dumme handeln einfach drauflos, und der angerichtete Schaden ist so riesig wie sinnlos.

Dumm ist, wie Forrest Gumps Mutter immer sagte, wer Dummes tut – und sie wusste, wovon sie redet. Auch die Dummheit fiktiver Trottel manifestiert sich vor allem in deren Handlungen. Erzählerisch sind sie deshalb wie → Zufälle einzusetzen: umsichtig und wohldosiert.

Und manchmal dürfen Trottel auch Glück haben.

Dummheit bei Gangstern kann sehr komische und zugleich absurd brutale Konsequenzen nach sich ziehen. Einen wirklich ziemlich doofen und dabei echt miesen Kriminellen spielte Peter Stormare in »Fargo«. Noch doofer war Steve Buscemi, der sich am Ende von ihm in den Häcksler stecken ließ.

19 _ Ehepartner
Problem oder Lösung

Ehepartner (oder auch Lebensabschnittsgefährten) von Krimi-Protagonisten sind eingeführte und gängige Hilfen beim Entwickeln von Charakter und Setting, gelegentlich auch beim Plot. Sie sind sogar derart eingeführt und gängig, dass ihre Abwesenheit, zumindest bei Krimikriminalpolizisten, schon wieder erklärungsbedürftig ist.

Verzichten auf sie lässt sich am ehesten in der Gegend um den Hardboiled herum. Selbstverständlich haben die harten Kerls da keine festen Beziehungen – wo kämen wir hin, wenn abends wer mit dem Essen auf sie wartete, womöglich zur festgelegten Uhrzeit. Gilt nicht nur für Männer, wenngleich Sara Paretsky ihre V.I. Warshawski als Serienmonogamistin zeichnet.

Aber außerhalb dieses doch recht klar umrissenen Genres sind Kriminalehepartner (und -lebensabschnittsgefährten) von vielseitigem dramatischen und erzählerischen Nutzen. Ob als Partner oder Nervensäge, als Unterstützer oder Hemmschuh, Trinkkumpan oder schlechtes Gewissen oder, oder, oder. Dabei dürfen sie sich im Laufe einer Geschichte durchaus von einem zum anderen entwickeln und gern auch wieder zurück.

Nützlich sind sie auch als Unterstützer und Partner beim Kochen – einer Tätig- und Fähigkeit, die vom Publikum bei Krimiermittlern nach wie vor hoch geschätzt wird. Die beiden können sich dabei super über Rezepte austauschen. Falls dem Autor was dran liegt.

Selbstverständlich können auch kriminelle Protagonisten Ehepartner (oder Lebensabschnittsgefährten) haben. Der Umgang mit ihnen ist etwas heikler, denn die Entscheidung, ob und inwieweit sie Mitwisser oder gar Mittäter werden, hat große Auswirkungen auf Setting und Plot. Über die sollte man sich vorher klar sein.

Und dann gibt es natürlich noch Ehepartner (und Lebensabschnittsgefährten) von Krimischreibenden. Über die scheinen verallgemeinernde Aussagen an dieser Stelle eher nicht ratsam.

Aber danke für den Kaffee … und auch sonst.

Den Titel »Mutter aller Ermittlerehefrauen« darf Mrs. Columbo für sich in Anspruch nehmen. Nur sie kennt den Vornamen ihres Gatten und hat in 69 Episoden eine wichtige Rolle gespielt, ohne dabei ein einziges Mal aufzutauchen.

20 Einsamkeit
Man kann sich seine Freunde nicht aussuchen

Machen wir uns nichts vor, es gibt härtere Jobs als den des Krimischreibers. Man könnte Bergbauer sein. Oder Buchhändler (kleiner Scherz). Härte ist aber auch eine Frage der jeweiligen Empfindlichkeit. Körperliche Arbeit wird dem einen mehr Freude bereiten als dem anderen, Dreck jenem weniger ausmachen als diesem. Beides bleibt dem Krimischreiber weitgehend erspart (Dreck zumindest in seiner physischen Form). Schwerlich ersparen kann man sich die Einsamkeit.

Menschen, die einsames Arbeiten nicht ertragen können, haben es in dem Job nicht leicht. Ratsam ist generell, sich die Situation zum Freund zu machen, zum Beispiel mit dem Versuch, die Ruhe zu genießen. Denn dagegen anzukämpfen wäre nur Energieverschwendung.

Einige, es sind nicht sehr viele, sind in der Lage, im Team zu schreiben. Doch die müssen dafür zunächst einen zweiten unter diesen nicht sehr vielen finden, der obendrein noch passen muss, und dann besteht die Teamarbeit oft nur darin, Kapitel zusammenzufügen, die jeder (einsam) für sich geschrieben hat.

Die allermeisten aber sitzen solo am Schreibtisch und treffen einsame Entscheidungen. Ganz allein bestimmen sie, wer der Mörder sein wird und wen der Polizist wo erschießt und ob aus Versehen oder mit Absicht und was dann.

Jede Entscheidung hängt ab von den bereits getroffenen, hat Auswirkungen auf die weiteren, keine darf vergessen werden.

Und wenn eine Entscheidung falsch war, war niemand dran schuld außer einem selbst. Kein anderer räumt die Folgen weg, und niemandem kann man ernsthaft davon erzählen. Denn um *wirklich* zu verstehen, müsste der andere ja genau wissen, was man vorhatte, was man schon geschrieben hat und wo man damit hinwill. Außerdem: Wenn man das alles selbst so genau gewusst hätte, hätte man den Fehler ja gar nicht erst gemacht.

Mit seinen Fehlern allein bleiben – eine treffliche Definition von Einsamkeit.

Es kann schon vorkommen, dass man sich beim Schreiben versteigt. Manchmal ist es ratsam, vorsichtig zurückzuklettern. Aber manchmal muss man auch springen. Leider weiß man erst hinterher, was besser gewesen wäre.

21 Einstieg
Aller Anfang ist schwer

Es gibt keine zweite Chance für einen ersten Eindruck. So wie man Achselschweißflecken beim ersten Date mit Witz, Charme oder spendierten Drinks überspielen muss, kosten die Folgen eines nachlässigen Einstiegs Arbeit und Zeit (und damit Geld), was man sich mit ein wenig Aufmerksamkeit hier, rechtzeitiger Benutzung eines Deos dort, leicht hätte sparen können.

Es lohnt sich, die Leser schon in der ersten Szene auf seine Seite zu ziehen, denn das wird mit fortschreitender Geschichte immer aufwendiger. Idealerweise erzeugt der Einstieg also einen erzählerischen Sog, was allerdings erheblich leichter gesagt ist als geschaffen. Zu entscheiden gilt, womit unmittelbar das größte Interesse zu wecken ist: Protagonist, Plot, Setting oder Atmosphäre? In aller Regel wird es eine Mischung daraus sein. Das Wichtigste ist, dass die Leser wissen wollen, wie es weitergeht.

Die Art des Einstiegs hängt von der Richtung ab, in die sich die Geschichte entwickeln soll. Ein grübelnder, magenkranker Kommissar ist anders einzuführen als ein Hardboiled-Detektiv. Kann dieser gut mit einer körperlichen oder gar bewaffneten Auseinandersetzung einsteigen, so ist jener in der Lage, die Sorge der Leser zu wecken, ob er für den Rest des Buches magenkrank weitergrübeln wird. (Ob das dann gut ist, mag dahingestellt bleiben, aber die Methode hat ihre Anhänger.)

Es gibt immer eine Wahl bei der ersten Szene. Erzählt man multiperspektivisch, hat man sie sowieso, und auch in monoperspektivischer Erzählweise sind stets Alternativen denkbar. Hat man etwa einen Ich-Erzähler und der Plot braucht ein wenig Anlauf, könnte man mit einem Nebenstrang einsteigen oder einer frei stehenden Vorgeschichte.

Denn da die Leser noch nicht wissen, wohin die Reise geht, kann man sie für die verschiedensten Dinge interessieren.

Allerdings *nicht*, und da unterscheiden sie sich von Reisenden im echten Leben, *nicht* fürs Wetter.

Eine Frau erzählt einem Privatdetektiv eine unverständlich wirre Geschichte über ihre mit einem Mann durchgebrannte Schwester, die er suchen soll. Ein zweiter Privatdetektiv kommt hinzu, der erste erzählt ihm das Ganze noch mal. Klingt nicht nach einem guten Einstieg. Aber dann wird »Der Malteser Falke« draus.

22 Ellipse
Weniger ... mehr ...

Die Ellipse kennt man vielleicht aus dem Matheunterricht oder der Astronomie. Weniger bekannt sind ihre sprachlichen Bedeutungen. Hier wie dort erreicht man auf einer ovalen Kurve ein gegenüberliegendes Ziel schneller als auf einer Kreisbahn. Man lässt allerdings was weg. Das griechische Stammwort weist die Richtung: Es bedeutet auslassen, fehlen, mangeln.

In der Sprache bedeutet es zunächst den Verzicht auf → Redundanzen. Schon bei einem fröhlichen »Guten Morgen« spart man gern und ohne Weiteres Subjekt und Prädikat und begnügt sich mit dem Akkusativobjekt. Und das ohne den geringsten Verlust an Verständlichkeit.

Kann man machen. Also Satzteile weglassen. Auf eine Ellipse im Satz darf man sogar hinweisen, und zwar mit »...«. Fehlender Inhalt wird so durch seine Abwesenheit in der Aufmerksamkeit der Leser aufgewertet.

Dies führt weiter zur erzählerischen Ellipse, die für den Krimi erheblich wesentlichere Bedeutung hat. Geschichten können durch elliptisches Erzählen entschlackt werden. Es ist selten zwingend, zu erzählen, was genau die Figuren zu Abend essen. Auch Fahrten von A nach B tragen nicht immer wirklich zum Fortgang des Plots bei. Wenn klar ist, dass der Killer jemanden umlegen wird, kann man sich fragen, ob man das noch schildern muss oder man gleich mit der übernächsten Szene weitermacht und so die Phantasie der Leser herausfordert.

Manche Leser (und viele Kritiker) goutieren die Eleganz des elliptischen Erzählens sehr. Und nicht wenige Autoren lieben die Herausforderung, Spannungsbögen auf möglichst wenigen Pfeilern zu konstruieren. Allerdings schätzt es eine recht große Lesergruppe höher ein, wenn sie vom Autor an die Hand genommen und durchs Buch geführt wird, ohne dass ihr etwas so Anstrengendes wie *Sich-was-vorstellen-Müssen* zugemutet wird.

Daher wird mit dem Konzept, Zumutungen zu vermeiden, vor allem in Skandinavien nicht nur Sozialpolitik betrieben.

Das Einsparen von Satzteilen, ein eigentlich relativ einfacher Vorgang, wird mit erstaunlichen Namen bezeichnet, wie Koordinationsellipse, rechtsperiphere Elision, Gapping, Subjektbinnenellipse, um nur einige zu nennen …

23 — Emotionen
Hart und weich und nicht unter Kontrolle

Der klassische Krimiheld, insbesondere der männliche, unterliegt einem Anforderungsprofil, in dem das Ausleben von Emotionen eher nicht vorkommt. Holmes, Marlowe, Bond und Konsorten kommen gut ohne durch. Die Kühle oder gar Kälte der Protagonisten, seien es harte Ermittler oder professionelle Verbrecher, sind für einige Subgenres quasi der Markenkern.

In den klassischen Whodunits sind die Helden durch ihre intellektuelle Brillanz immun gegen emotionale Attacken. Auch die alten Hardboiled-Jungs machen sich gern durch die Abwehr emotionaler Zumutungen zu Helden. (Diese kommen selbstredend stets von weiblicher Seite, die sich ja noch nie so richtig im Griff hatte, fragt mal Mike Hammer.)

Allerdings ist die Einstellung des Publikums zu diesem Thema (wie zu den meisten) eher dialektisch. Während es den harten oder gar zynischen Protagonisten als Helden akzeptiert, sucht es zugleich intensiv nach den Rissen in seinem Panzer. Dazu braucht der Held Begleiter oder auch Antagonisten, die unter seiner Kälte leiden. Denn wenn keine der Figuren im Buch emotional berührt wird, werden Leser sich bald fragen, warum *sie* sich dann für die Geschichte interessieren sollen.

Eine realistisch angelegte Geschichte kann ohnehin nicht auf Emotionen verzichten, denn emotional agierende Menschen sind schlicht wahnsinnig viel realistischer als rationale. Umso mehr, als Krimistorys in emotionalen Ausnahmesituationen am besten funktionieren.

Die Aufgabe, Gefühle und emotionale Reaktionen zu schildern, ist erzählerisch allerdings komplex. Oft sind sie in ihrer Irrationalität eben schwer oder sogar gar nicht nachvollziehbar. Aufgabe ist nun, sie dem Leser trotzdem greifbar zu machen. Ein realistisch geschilderter emotionaler Aus- oder Zusammenbruch wird da für Autor wie Publikum schnell zur gemeinsamen Herausforderung.

Kühl ist nämlich nicht nur cool, es ist auch leichter zu schreiben.

Eiseskälte ist das Qualitätsmerkmal des professionellen Verbrechers, und was die Temperatur angeht, agierte Alain Delon gern am unteren Rand. Im Original hieß »Der eiskalte Engel« allerdings ein wenig lauer »Le Samouraï«.

24_Erfolg
Auf den Geschmack kommen

Erfolgsrezepte für Krimis sind Legion und alle falsch. Gäbe es ein gültiges, würde nur noch nach diesem Rezept geschrieben, was wiederum umgehend die Leser derart langweilen würde, dass sie nach anderen Rezepten verlangten. Das Rezept wirklich erfolgreicher Künstler – also auch Krimiautoren – ist weder lern- noch trainierbar.

Ernsthaft erfolgreich, mit mehr als einem Hit und regelmäßig in den Bestsellerlisten, wird sein, wer einen möglichst gewöhnlichen Geschmack hat.

Das bedeutet keinesfalls, dass Werke solcher Künstler zwingend unoriginell sind. Es können aufregende und ungewöhnliche Geschichten dabei herauskommen. Wichtig ist nur, dass die Maßstäbe dafür, was ungewöhnlich ist, möglichst gewöhnlich sind.

Möchte man beispielsweise davon erzählen, wie wahnsinnig aufregend und abenteuerlich es ist, sich beim Sex von einem Milliardär fesseln zu lassen, kann man das auf verschiedene Arten tun. Man kann es so schildern, dass es Menschen begeistert, die sich tatsächlich und ernsthaft beim Sex fesseln lassen. Damit kann man wohlwollende Kritiken in Szene-Magazinen ernten und auch ein gewisses verruchtes Image aufbauen. Es kann sogar zu fünfstelligen Verkaufszahlen führen. Das war's dann aber auch.

Man kann es jedoch auch so schildern, dass es Menschen, die sich noch nie beim Sex haben fesseln lassen, total aufregend finden. Und das sind viel, sogar sehr viel mehr.

Die Experten werden gähnen, die Kritiker werden kotzen, und man wird Zillionen Bücher verkaufen. Weil die gewöhnlichen Leser es für ungewöhnlich halten.

Das Problem ist, dass niemand so etwas mit Absicht hinkriegt. Man kann es nicht vortäuschen, weil niemand vorher weiß, was vorzutäuschen wäre. Es muss in einem drin sein. Man hat es oder man hat es nicht.

Allen anderen bleibt, sich mit fünfstelligen Verkaufszahlen zufriedenzugeben. Daran, immerhin, kann man arbeiten.

Wer hier das interessantere Leben führt und über wen die spannendere Geschichte erzählt werden kann, muss dahingestellt bleiben. Wetten darauf, wessen Geschichte mehr Leser finden würde, werden allerdings nicht mehr angenommen.

25 Ermittler
Dem Amateur ist nichts zu schwör

Gehört man nicht zu den wenigen Autoren, deren Krimis ohne Ermittler auskommen, muss man sich entscheiden, ob man Profis oder Amateure agieren lassen will. Beliebt bei Krimilesern wie -schreibern sind Amateurermittler – und das ist durchaus nachvollziehbar. Den Autoren ersparen sie – Hand aufs Herz – jede Menge Recherche. Man muss sich nicht schlaumachen über Dienstgrade, Behördenstrukturen oder Kompetenzen von Privatdetektiven. Oma Schmitz von nebenan tut, was eine Oma eben tun muss, wenn ihr Papagei vergiftet wird. Die patente Köchin rutscht aus Versehen in einen Versicherungsbetrug mit Todesfolge. Der junge Taxifahrer gerät aus reiner Nettigkeit in eine Mordintrige.

Für den Leser ist der Amateurermittler schon deshalb sympathisch, weil er auf Augenhöhe agiert. Kein Profi, kein Genie, jemand wie du und ich – und trotzdem ein Held. Er handelt aus eigenem Antrieb, entweder notgedrungen, etwa weil ihm liebe Menschen oder gar er selbst unter Tatverdacht geraten, oder aber – gefühlt deutlich häufiger – weil die Profis (in aller Regel die örtlichen Polizisten) zu faul, zu inkompetent oder zu korrupt sind, das auch gern in beliebiger Kombination.

Tatsächlich ist die Motivation des Ermittlers ein Moment in Setting und Spannungsaufbau einer Krimistory, das oft ungenutzt bleibt – schon deshalb, weil professionelle Ermittler eigentlich keine Motivation brauchen: Polizisten ermitteln, weil sie Beamte sind, Privatdetektive tun es direkt fürs Geld.

Möchte man eine emotionale Bindung zwischen Leser und Ermittler herstellen, muss man beim Profi schon ein bisschen tricksen (zum Beispiel mit der »skandinavischen Methode«: Mitleid erzeugen durch private Jämmerlichkeit).

Beim Amateur kann man sich so etwas schenken, wenn seine überzeugende Motivation den Leser an ihn bindet. Sie ist zudem Teil des Plots und kann durchaus zu dessen Motor werden. Und sei es Oma Schmitzens Papagei.

Beliebtes und ständiges Opfer der Urmutter aller Amateurermittler und von ihr stets undankbar und als Trottel behandelt: Inspektor Craddock (hier dargestellt durch Charles Tingwell), der eigentlich total nett ist und einem oft wirklich leidtun kann.

26 Der erste Satz
Er steht und fällt

Wichtig.

Wirklich wichtig.

Der erste Satz ist wahnsinnig wichtig. Nicht so sehr für Setting, Plot oder Geschichte. Nicht einmal für den Leser – der interessiert sich gewiss für die erste Szene, in die er hineingesaugt werden möchte, aber eher weniger für den ersten Satz. Wichtig werden kann dieser erste Satz jedoch für den Autor. Denn dieser Satz ist der Liebling der Kritiker. Sie haben ihn, diesen einen, ersten Satz, für immens wichtig erklärt, und das ist aus ihrer Sicht leicht verständlich. Denn ein nicht gelungener erster Satz liefert ihnen schnell eine gute Begründung, die Lesezeit zu sparen und sofort zum nächsten Buch zu greifen, von dem Stapel, den der Paketbote heute gebracht hat und der auf dem liegt, den er gestern gebracht hat – die meisten Bücher darin übrigens mit nicht so guten ersten Sätzen. Generell kann man es ja durchaus für eine schöne Vorstellung halten, dass Kritiker Bücher nicht lesen. Leider ist damit aber (häufiger, als man annehmen möchte) die Tatsache verbunden, dass sie sie tatsächlich nicht besprechen.

Der erste Satz ist also wichtig, wenn man gern Buchbesprechungen bekommen möchte. Ginge man davon aus, dass Rezensionen irgendeine Auswirkung auf Verkaufszahlen haben, wäre er sogar sehr wichtig – allerdings ist das nicht so leicht zu beweisen, wie man denken könnte. Streng genommen überhaupt nicht. Man kann aber dran glauben – oder eben nicht (→ Verriss).

Abgesehen von alldem schadet ein knackiger erster Satz natürlich überhaupt nicht. Kurz, möglichst auch aus kurzen Worten bestehend und leicht verständlich, muss er Atmosphäre erzeugen. Er muss nichts erklären, sondern soll – im Gegenteil – Fragen aufwerfen, die den Leser (und den Kritiker) möglichst neugierig machen: Wo sind wir? Wer handelt? Ist der Protagonist in Gefahr? Warum? Wer ist noch vor Ort? Und, am wichtigsten:

Wie geht es weiter?

»Als Gregor Samsa eines Morgens aus unruhigen Träumen erwachte, fand er sich in seinem Bett zu einem ungeheuren Ungeziefer verwandelt.« Das stammt nicht aus einem Krimi und reichte bei der Wahl zum schönsten ersten Satz der deutschen Literatur leider nur zum zweiten Platz. Platz eins ging an einen Plattfisch.

27 Erzählperspektive
Eins, zwei, drei, ganz viele …

Zur Erzählperspektive (oder -situation) kann man ohne Weiteres literaturtheoretische Hauptseminare abhalten und tut das auch. Wir hier müssen uns kürzer fassen.

Die Erzählperspektive ist etwas, das Leser in der Regel nicht wahrnehmen. Das ist ihnen keinesfalls vorzuwerfen, sie sollen es gar nicht. Auch Atemluft nimmt man meist nur dann wahr, wenn es unangenehm riecht.

Die Existenz einer Perspektive ist so unabdingbar wie ein Erzähler. Das klingt trivialer, als es ist. Bei fiktionalen Texten ist der Erzähler nicht identisch mit dem Autor. Die Leser blicken durch seine Augen auf das Geschehen, aber er ist so fiktional wie die Geschichte.

Im Krimi wird meist die Perspektive (mindestens) einer beteiligten Person eingenommen – sei sie Opfer, Täter, Ermittler oder Zeuge des Geschehens. Die Auswahl dieser Person(en) ist eine wichtige Autorenentscheidung, und sie sollte *vor* dem Schreiben fallen.

Faustregel: je weniger Perspektiven, desto schwieriger zu erzählen. Lässt der Autor die Leser mit nur einer handelnden Person durch das Buch reisen, zwingt ihn das dazu, die Rolle dieser Person permanent unter Spannung zu halten. Die Person muss die *ganze* Geschichte *erleben*, und zwar von so nah wie möglich. (Ihr die Handlung von anderen erzählen zu lassen ist unelegant und sollte nur ausnahmsweise geschehen.)

Einfacher wird es, wenn die Perspektive mehrerer Personen im Wechsel eingenommen wird. Mal sind wir beim Opfer, mal beim Täter, dann beim Ermittler et cetera pp. Hier kann der Leser leicht sehr viel mehr erfahren. Und statt einfach zwei Jungs mit Knarren durch die Tür kommen zu lassen, reicht der Autor, wenn er nicht weiterweiß, die Perspektive halt an eine andere Person rüber – ein so beliebter wie beliebiger Trick. Denn Vorsicht! Leser wollen nicht gelangweilt, aber auch nicht verwirrt werden. Deshalb noch 'ne Faustregel: Je mehr Perspektiven, desto holpriger kommt es rüber.

Hans Christian Andersen begann Geschichten gern mit »Es war einmal ...«, um so die auktoriale Erzählhaltung deutlich zu machen. Ein solcher Erzähler spielt in der Geschichte nicht mit, blickt von außen darauf und erzählt davon, was, wie und wann immer es ihm beliebt. Im Märchen ist er unverzichtbar. In Krimis hat er – von raren Ausnahmen abgesehen – nichts verloren.

28 Erzähltechnik
Was es ausmacht

Erzähltechnik benötigt man nicht nur im Krimi, in Filmen, Serien und Computerspielen, sondern auch in der Sport- und der Tagesschau. Und in der Bild-Zeitung. Denn zur Erzähltechnik zählt alles, was den Informationstransfer zwischen Quelle und Rezipienten beeinflusst – und das ist eine Menge.

Erzähltechnik ist die Summe sehr vieler, zum Teil sehr kleiner Teile (nicht etwa Kleinigkeiten). Und sie ist das A und das O.

Hat man dieses Buch brav bei A wie Angst zu lesen begonnen und es nicht etwa zum Drinrumblättern auf dem Coffee Table (oder gar noch ganz woanders) liegen, so ist man unter den bis hierher 27 Artikeln auf nicht mehr als drei gestoßen, die nicht irgendwie mit Erzähltechnik zu tun haben.

Bei der Erzähltechnik geht es um den Einsatz, die Dosierung und die Beherrschung von: allem. Allem, was einen verdammt guten Krimi ausmacht.

Für manches, zum Beispiel die → Continuity, gibt es Regeln (Regel: Achte auf die Continuity). Sehr vieles aber unterliegt so komplexen Anforderungen, dass es müßig ist, Regeln überhaupt aufzustellen. Denn spätestens beim → Ersten Satz wird man feststellen, dass man ihn ganz allein hinschreiben muss.

→ Dialoge etwa, die Zuweisung typischer Tonfälle an die Mitglieder des → Figurenensembles oder die Anpassung des Sprachduktus an die Situation, sind letztlich unüberschaubar vielen Variablen unterworfene Parameter. Gleiches gilt für → Atmosphäre, → Ellipse, → Rhythmus, → Sprache, → Setting, → Zeitgerüst, → Zufall et cetera pp.

Der Wunsch nach Regeln und Handlungsanweisungen ist da nachvollziehbar, und beides wird auch in großer Zahl angeboten. Aber nicht hier. Denn sie helfen nicht. Wirklich hilfreich sind nur zwei Regeln: 1. Pass auf. 2. Immer.

Stets alle Variablen und ihre Wechselwirkungen im Blick zu haben und zu beherrschen wäre der Idealfall. Es passiert selten. Gratulation jedem, dem das gelingt.

Man braucht nicht für jede Aufgabe jedes Werkzeug, aber es ist sehr wichtig, jedes jederzeit zur Verfügung zu haben. Deshalb ist es genauso wichtig, nicht zu vergessen, welches man zuletzt wo liegen gelassen hat.

29 Exposé
Erst mal wichtig

Die Frage, ob ein Krimi ein Exposé benötigt, kann man mit einem entschiedenen »Nein, aber« beantworten. Krimis brauchen keine. Verlage brauchen sie.

Erfunden wurden Exposés in der Filmwirtschaft als Entscheidungsgrundlage dafür, ob jemand jemanden dafür bezahlt, daraus ein Drehbuch zu machen. In der Buchbranche ist das ähnlich (mit dem Bezahlen läuft es allerdings anders).

Nun ist ein Plot- oder Storyentwurf hilfreich, wenn man vorher wissen möchte, von wo nach wo man in seinem Krimi unterwegs sein wird; zwingend nötig aber ist er nicht (→ Drauflosschreiben). Krimis jeder Länge können in den Köpfen von Autoren entstehen, ohne dass ein Exposé benötigt würde.

Leider aber brauchen Lektorat und Programmplanung was in der Hand, bevor sie ein Projekt zusagen (oder, Gott bewahre, einen Vorschuss).

Die Aufgabe lautet, die zuständigen Menschen im Verlag vom Projekt zu überzeugen. Der Ort der Handlung ist wichtig (gut ist, wenn es da in der Nähe Buchhandlungen gibt), Thema (aktuell ist gut, muss aber nächstes Jahr noch interessant sein), Protagonisten (originell, aber nicht zu abgedreht), Setting (komplex, aber nicht unübersichtlich) und – ganz wichtig – die Auflösung des Falles. Ein → Cliffhanger am Ende eines Exposés bringt Lektoren *nicht* dazu, das Manuskript zu bestellen, weil sie so gespannt auf das Ende sind. Er macht ihnen schlechte Laune. Dort will man nämlich genau wissen, auf was man sich einlässt, und der Schluss der Story gehört definitiv zu den wichtigen Kriterien bei der Beurteilung eines Krimis.

Ist das Exposé allerdings einmal durchgewunken, kann man es mehr oder weniger vergessen. Ab jetzt zählt nur noch der fertige Text. Wenn der sich allerdings zu weit von der Vorlage entfernt, muss man hinterher noch eine Zusammenfassung abliefern, damit im Verlagskatalog kein allzu großer Unfug steht.

Krimiautor und -regisseur Helge »00« Schneider benötigt nach eigener Aussage Drehbücher zur Beantragung der Filmförderung. Danach schmeißt er sie weg. Bei Kriminalromanen empfiehlt sich Ähnliches im Umgang mit Exposés.

30_Fehler
Dazu da, gemacht zu werden

Neben dem Tod und der Steuer gehören Fehler zu den wenigen unvermeidbaren Dingen im menschlichen Leben. Und ähnlich wie Tod und Steuern gibt es sie in unglaublich vielfältigen Formen. Beruhigend zu wissen daher, dass Fehler beim Schreiben nur in Ausnahmefällen zu wirklich ernsthaften Konsequenzen führen. (Im Umgang mit Milieus wie Mafia oder Pharmaindustrie empfiehlt sich allerdings eine gewisse Umsicht.)

Das Hauptproblem mit den Fehlern beim Schreiben – und das macht sie durchaus besonders – ist, dass man niemanden dafür verantwortlich machen kann außer sich selbst (→ Einsamkeit).

Macht man sonst im wahren Leben Fehler, ist ja fast immer wer anders mindestens mit schuld. Und selbst wenn es doch mal niemand ist, kann man es zur eigenen Erleichterung trotzdem behaupten und sogar glauben. Kann man bei Schreibfehlern auch machen. Nutzt nur nix.

Taucht ein Fehler auf, muss man ihn beseitigen. Und zwar selber. Faustregel eins: Je später ich ihn bemerke, umso mehr Arbeit macht er. Leicht können ganze Kapitel über die Wupper gehen, weil sie auf einer kleinen, unbemerkten, aber wesentlichen Fehlkonstruktion beruhen. Fehler können in jedem Bereich gemacht werden, und das sind mehr als 111. Sie sind, wie im wahren Leben, unterschiedlich schlimm. Eine Unsauberkeit in der Perspektive etwa darf man auch mal drinlassen. Hat man aber in einem komplexen Plot weit vorn einen Bock geschossen, kann das irreparabel sein. (Bei nahender Deadline sollte man umgehend beim Verlag beichten.)

Oft, wenn auch bei Weitem nicht immer, werden Fahler beim Lektorat bemerkt, was zu nicht geplanten Nachtschichten führen kann. Gehen sie dort aber durch und stehen im Buch, sind sie sehr lange peinlich.

Gelegentlich gibt es auch die Chance, die Story dem Fehler anzupassen. Das kann sogar gut werden. Arbeit macht das trotzdem.

Faustregel zwei: Kein Fehler ist besser als kein Fehler.

Laut Miles Davis gibt es im Jazz so etwas wie Fehler nicht – es kommt bei jedem Ton nur darauf an, was man aus ihm macht. Das ist schön für Jazzmusiker, gilt für Kriminalliteratur aber nur sehr eingeschränkt. Manche sagen: überhaupt nicht.

31 Figurenensemble
Überblick nicht verlieren

Arg theoretisch könnte ein Krimi wohl mit nur einer Person auskommen, diesen künstlerischen Sonderfall lassen wir hier mal beiseite. Selbst das kargste Kammerspiel braucht zwei Figuren, die dann miteinander über Dritte reden werden. Im Normalfall hat man als Krimiautor aber einen ganzen Stall voll zu hüten, und wenn man nicht aufpasst, kann es vorkommen, dass einem die Rasselbande auf der Nase herumtanzt. Denn auch fiktive Personen haben einen Charakter, wenn sie sorgfältig geschildert werden. Der Umkehrschluss ist zulässig.

Generell verdient jede handelnde Person, spätestens wenn sie spricht, allerspätestens wenn sie einen Namen erhält, Aufmerksamkeit und Achtung ihres Autors. Ihr Schöpfer muss sie vor Augen haben und auch eine Meinung zu ihrem Charakter und ihren Fähigkeiten. Diese Meinung sollte zwar fest sein, darf sich aber durchaus gemeinsam mit der Person entwickeln.

Dabei muss sie dem Leser nicht zwingend mitgeteilt werden. Das Zeichnen einer Charakterstudie kann sich erübrigen, wenn man sowieso vorhat, die Person im nächsten Kapitel hinzumetzeln – einen Charakter muss sie trotzdem haben.

Die Gewichtungen der Figuren zum einen und ihrer Beziehungen untereinander zum anderen formen die entscheidenden Pfeiler der Story. Sie sind die Basis für Dialoge, haben Auswirkungen auf Atmosphäre, Humor und Plot, auf letztlich alle tragenden Teile eines Krimis.

Dabei können fiktive menschliche Beziehungen genauso kompliziert werden wie die im richtigen Leben. Zu Beginn kann man noch an allen Schrauben drehen. (Vielleicht ist die Kommissarin doch nicht ganz so ruppig im Umgang mit ihrem Assistenten, weil der sie später irgendwo raushauen soll.) Haben sich die Charaktere aber erst einmal manifestiert, muss man sie miteinander auskommen lassen – wobei der Krimi eine schöne Option bietet: Leute, die einem zu sehr auf den Nerv gehen, kann man einfach umlegen.

Räume wie dieser eignen sich hervorragend, um komplette Ensembles zu versammeln, insbesondere am Ende, wenn der Detektiv den Mörder entlarvt und nebenbei enthüllt, dass Lord Osgord-Highbrow ein Verhältnis mit seinem ermordeten Schwager Phillip de Haviland hatte.

32 Figurennamen I: Vornamen

Einfache Sache, die leicht schiefgeht

Man könnte meinen, Vornamen hätten überhaupt keine Bedeutung für einen Krimi. Tatsächlich aber sind sie ein schönes Beispiel für Paul Watzlawicks Axiom, nicht nicht kommunizieren zu können.

Anders als im wahren Leben, wo – zumindest nachdem man die Kindheit überstanden hat – jedem Menschen zugebilligt wird, für seinen Namen nichts zu können, kann jemand etwas für die Namen der Figuren: der Autor nämlich. Und der Leser weiß das. Also unterstellt er Absicht. Das tut er wie so vieles, was er tut, meist unbewusst. Aber auch zu Recht. Dieser Unterstellung ist nicht zu entgehen. Entscheiden wir uns, alle Rollennamen realistisch (und unaufwendig) dem Telefonbuch zu entnehmen und sie gnadenlos zufällig zuzuordnen, transportiert diese Entscheidung eine sublime Botschaft an den Leser – eben den Anspruch auf Realismus. (Weitergedacht führt das Verfahren dazu, dass häufige Namen häufig vergeben werden. Aber in einem Krimi einer wichtigen Figur den Namen Thomas Müller zu geben wird man nicht nur spontan eine bestenfalls mittelgute Idee nennen, Realismus hin oder her.)

Ob unser Held Kevin, André oder Siegfried heißt, *spielt* eine Rolle; selbstverständlich ist es von Belang, ob die Heldin Chantal, Katrin oder Brunhild heißt.

Leser haben Erwartungen und Vorurteile, und die gilt es herauszufinden oder besser: fühlen – egal, ob man sie berücksichtigen will oder nicht. Denn auch um sie zu konterkarieren, muss man sie benennen können. Was erwarten die Leser von der Friseuse Jasmin oder der Bankerin Selina? Gezwungenermaßen fällt man also ein Vorurteil über Vorurteile. So haben Chantal und Kevin in der Fiktion noch mehr zu leiden als im wahren Leben. Einen Siegfried bringt man aber auch nicht einfach so unter, die Brunhilde schon gar nicht, es sei denn, man nennt die beiden Bruni und Siggi. Das bedient dann wieder ein anderes Vorurteil. Man muss sich entscheiden. Seufz ...

Der Name Sherlock ist quasi final vergeben (bei Professor James Moriarty ist es der Nachname). Gleiches gilt für Hercule, Dashiell und Elvis. Bei den Frauennamen sind Sissi, Smilla und Lisbeth wohl durch, Miss Marple hieß Jane, das ginge noch. Miss allerdings eher nicht mehr.

33 _ Figurennamen II: Nachnamen
Mehr Auswahl, mehr Risiko, mehr Spaß

Ist die Auswahl bei Vornamen gigantisch, ist sie bei Nachnamen praktisch grenzenlos. Und bietet verlockende Möglichkeiten.

Prometheus, Simplicissimus, Schlemihl, Biedermann, Düsentrieb: Beispiele für sprechende Namen gibt es aus jeder Epoche der überlieferten Erzählung. Für den Krimiautor sind solche jedoch eher nicht ratsam. Denn in aller Regel hat man ja wenig Interesse daran, vorab zu viel über sein Personal zu verraten (wenn es keine Farce, Persiflage oder Satire werden soll).

Das Sprechende im Namen kann trotzdem genutzt werden: über den Klang. Realismus ist hier nicht angebracht. Es gibt absolut seriöse und charakterlich einwandfreie Menschen, die Depp heißen, Fick oder Schwaderlapp. Oder von Uexküll-Güldenburg. Das soll zweifelsohne so sein. Aber wie bei den Vornamen geht es auch hier um Autorenvorurteile über Leservorurteile.

Im Krimi wird die Charakterzuschreibung durch den Leser vom Rollennamen beeinflusst, was Autoren einrechnen müssen. Vor allem bei Ermittlern kommen einsilbige Nachnamen cool rüber: geschüttelt, nicht gerührt. (Der coolste einsilbige deutsche Name wurde sehr früh von Goethe genutzt und später von Heiner Lauterbach.) Gut klingende einsilbige Namen sind aber rar. Hinz oder Kunz gehören eher nicht dazu. (Kant ist schon vergeben.) Und ein s am Ende ist generell eher unschön, weil es bei jedem Genitiv einen Apostroph erfordert.

Dann muss natürlich die Kombination aus Vor- und Nachnamen stimmen. Keine leichte Aufgabe, kann aber sehr inspirierend sein. Todesanzeigen machen da manchmal richtig Spaß.

Ganz anders als noch zu analogen Zeiten ist eine Entscheidung im Zeitalter von »Suchen und Ersetzen« leicht revidierbar. (Hier aber immer nach »nur ganzes Wort« suchen und einzeln bestätigen, sonst drohen üble Überraschungen. Die Moni zum Beispiel versteckt sich in mehr Worten, als man denken sollte.)

Holly Golightly wird vom *COMMITEE FOR BEAUTIFUL NAMES IN FICTION* einstimmig zum schönsten sprechenden Namen der Literaturgeschichte erklärt werden, sofort nach dessen Gründung. Leider heißt sie eigentlich Lulamae Barnes.

34_Fußball
Whisper words of wisdom …

Die entscheidende Aufgabenstellung an die Schreiber von Krimistorys ist, der dem Leser als Realität zugemuteten Fiktion einen dramatischen Dreh zu geben. Dieser sollte nicht zu erwarten, ungewöhnlich, dabei immanent glaubhaft und, wo angebracht, auch noch spaßig sein.

Falls nun jemand die Idee haben sollte, einen Nebenstrang oder gar einen ganzen Plot im Fußball anzusiedeln, möge er sich das bitte noch einmal aufmerksam durchlesen: nicht zu erwarten, ungewöhnlich. Das bedeutet, dass in der Geschichte etwas passieren sollte, das normalerweise in der Erfahrungswelt des Lesers *NICHT* passiert.

Erfindet man nun ein junges, hochtalentiertes Fußballtalent, das durch Umstände gezwungen wird, einen Bankraub zu begehen, in den Knast wandert, dort von einem weitsichtigen Trainer entdeckt und in einen Proficlub geholt wird, wo er gegen jede Wahrscheinlichkeit den entscheidenden Treffer zum Aufstieg erzielt – dann ist es das eben *NICHT*: ungewöhnlich oder nicht zu erwarten. Das gab es nämlich in echt, gar nicht lange her und gar nicht weit weg, und die Leser haben es live mitverfolgt. Vor allem *die* Leser, die sich für Fußball interessieren – und genau *die* würde man ja ansprechen wollen mit einem Fußballkrimi.

Genau *die* sind zudem auch noch die Elitetruppe der Schlaubergerleser. (Der Schlaubergerleser weiß total viel über ein bestimmtes Thema – mehr als du jedenfalls, glaubt er.) Es gibt sie bei jedem Sujet in unterschiedlicher Zahl. Im Fußball sind sie Legion.

Ein verzweifelter Schuss an die Stirn des Verteidigers, durch den der (erstens) k. o. geht und (zweitens) der Ball steil nach oben abprallt, um (drittens) senkrecht hinter dem Torwart zum Siegtreffer ins Tor zu fallen? Klingt total erfunden, gab's aber in echt und war Kacktor des Monats bei Zeigler.

Merke: Fußball ist fiktional nicht zu toppen.

Also lasst die Finger davon.

Oder beweist das Gegenteil.

Im Film kommt hinzu, dass Schauspieler nicht wirklich Fußball spielen können. So wie Sylvester Stallone, den John Huston mal ins Tor gestellt hat. Und wenn ein Film dieses Problem ausnahmsweise mal löst, vergisst er darüber, dass das kein Ersatz für ein anständiges Drehbuch ist.

35 Gerichtsmediziner
Hauptsache, es schmeckt

Klare Regel für Krimiautoren: Gerichtsmediziner essen während der Arbeit. Und zwar neben einer aufgebahrten, möglichst schon obduzierten Leiche. Das muss so sein, das ist nämlich witzig und demonstriert zugleich die professionelle Abgebrühtheit der ganzen Branche, die untereinander und auch nach außen hin einen generell eher flapsigen Umgangston pflegt.

Auch im weiteren Auftreten haben Gerichtsmediziner sonderlich zu sein. Im Normalfall sind sie in irgendeiner Form überkandidelt, im Gegensatz zum unter- oder genau richtig kandidelten Ermittler, dem sie auf die Nerven zu gehen haben, weil sie immer alles besser wissen.

Das ist das Pfund, mit dem der Erzähler wuchern muss: Weiß der Professor es wirklich, oder weiß er es nur besser? Dieser ebenfalls total witzige Konflikt kann ohne Weiteres einen eigenen Spannungsbogen tragen. Auch kann man damit bei Bedarf den Gerichtsmediziner (m/w) leicht zum Amateurermittler und so zum Protagonisten machen. Der eigentliche Ermittler muss nur entsprechend doof dastehen.

Vonseiten progressiv gegen Regeln rebellierender Autoren werden gelegentlich der Realität entlehnte Protagonisten ins Rennen geschickt, die streng wissenschaftlich ihren Aufgaben nachgehen und mit dem Gaschromatometer (das ist so eine Art Fluxkompensator) superkleine Spurenreste finden, die den Ermittler schließlich zum Täter führen. Hier ist allerdings einiges an Recherchearbeit zu leisten.

Es soll Zeiten gegeben haben, in denen man dazu beim Gerichtsmedizinischen Institut mal kurz telefonisch nachfragen konnte. Dieser Service wurde leider, geschuldet der letzthin rapide gewachsenen Zahl von Krimigerichtsmedizinern, weitgehend eingestellt.

Von Leserseite sind die Anforderungen an die Recherchetiefe allerdings nicht sonderlich hoch. Plausibel sollte alles natürlich sein und glaubhaft. Aber glaubhaft bedeutet in diesem Fall:

Wie im Fernsehen.

Die Gerichtsmedizin sollte nicht mit der Pathologie verwechselt werden, in der überwiegend Gewebeproben noch lebendiger Patienten analysiert werden. Ebenfalls nicht identisch sind forensische Entomologen. Als solcher kann man allerdings zum Popstar werden, wie zum Beispiel Dr. Mark Benecke.

36 Gewalt

Es ist schön, wenn der Schmerz nachlässt …

Zu einem Krimi gehört gemeinhin (mindestens) eine zielgerichtet zu Tode gebrachte Person. Gewalt ist also ein zentraler Bestandteil des Krimis. Es geht nicht ohne sie. Es stellt sich aber die Frage der Form – in der Technik und in der Darstellung.

Sanftes Entschlafen etwa finden wir im Krimi gern mal spaßig. Da entsorgt die komische Alte den Nachbarn mit dem lästigen Hund, und der depperte Kommissar findet nicht raus, was passiert ist. Dass der Nachbar tot ist, ist ohne Weiteres akzeptabel. Die körperlichen Vorgänge während eines Vergiftungstodes werden meist als zu vernachlässigend angesehen, was der Realität kaum entspricht, denn zahlreiche Gifte stehen in ihrer Wirkung auf den menschlichen Körper der einer Motorsäge wenig nach. Aber ihr Image ist halt ein anderes, wenngleich das Endresultat in beiden Fällen identisch ist.

Dabei ist auch eine Motorsäge im fiktiven Einsatz nicht per se grausam, auch wenn ihr Einsatz mehr hermacht als ein letaler Magenkrampf. Selbst wegfliegende Gliedmaßen kann man komisch darstellen – und finden.

Denn Gewalt im Krimi ist weniger eine Frage der Darstellung, eher eine der Haltung. Erzählen wir die Geschichte des Opfers? Wollen wir die Empathie des Lesers wecken? Oder ist die Tat nur ein Vehikel für den Plot, etwa um die Persönlichkeit des Täters anschaulich zu machen, und das Opfer ist eigentlich egal? Für beide Varianten kann es gute erzähltechnische Gründe geben.

Für weniger gut halten kann man, wenn die Motorsäge zum Einsatz kommt, weil der Autor das geil findet. In der Regel benutzt man dafür das Wort Gewaltpornografie, und die hat, genau wie Pornopornografie, ihr Publikum. Salopp formuliert: Wer drauf steht, dem gefällt das. Auf der anderen Seite rufen herausquellende Gedärme weniger Leserreaktion hervor als eine Ohrfeige ins Gesicht der zarten Geliebten.

Gewalt im Krimi bleibt also eine Frage der Haltung. Auch der des Publikums.

»Ich streue mir jetzt keine Asche aufs Haupt für all die Charaktere, die ich bis jetzt in Actionfilmen dargestellt habe. Aber ich habe ein Stadium in meinem Leben erreicht – wir haben ein Stadium in unserer Geschichte erreicht, wo ich mir sage, dass Gewalt nicht witzig oder anziehend wirken sollte.« Clint Eastwood

37 Hacker
Sator arepo tenet opera rotas

Der Einfluss der Digitalisierung auf das Schreiben von Krimis ist in Gänze weder zu überblicken noch zu beurteilen, schon gar nicht abschließend. Positiv aber ist (neben den unbestrittenen und gar nicht so wenigen Vorteilen von Textverarbeitungsprogrammen), dass die Digitalisierung eine Figur hervorgebracht hat, über die sich jeder Erzähler nur freuen kann: den Hacker.

Man könnte ihn besser kaum erfinden. Er ist die ultimative Verteidigungswaffe gegen die dramaturgischen Zumutungen des Internetzeitalters an Kriminalgeschichten.

Erzähltechnisch könnte er einfacher kaum daherkommen. Er ist auf der guten wie der bösen Seite einsetzbar und sogar dazwischen. Er braucht weder zwingend eine Biografie noch die Empathie des Lesers. Nicht mal gut aussehen muss er. Er ist einfach da, und er kann – alles. Alles, was der Autor braucht, um seinen Plot gegen die zerstörerischen Fähigkeiten des Netzes zu verteidigen.

Eine alte Gattung literarischer Figuren hat ein recht ähnliches Profil, allerdings stammen sie aus *ganz* anderen Welten. Sie agieren meist in Fantasybüchern oder Sagen: die Zauberer.

Genau wie diese löst der Hacker Probleme durch Fähigkeiten, über die keine andere Figur verfügt, die nicht erklärbar sind und die – wichtig – nicht erklärt werden müssen.

Beim Profiler oder Gerichtsmediziner müssen die Leser auch nicht alles verstehen, aber sie wollen das Gefühl haben, im Zweifel alles nachprüfen zu können. Beim Hacker dagegen werden sie gar nicht auf die Idee kommen. Sie akzeptieren seine Fähigkeiten als gegeben. Einfach so.

So ist der Hacker wahrscheinlich die einzige real existierende Rollenfigur der Jetztzeit, deren Einsatz keinerlei Recherche verlangt. Denn das Feld, auf dem er agiert, halten Leser für sowieso nicht erklärbar, man könnte sogar sagen, für nicht erklärwürdig.

Fragt ja auch keiner, wie das Licht ans Ende von Gandalfs Stab kommt.

Digitaler Troubleshooter auf der Höhe der Technik, überall und jederzeit flexibel einsetzbar, optisch und gendermäßig sehr variabel. Vom Benehmen her allerdings nicht immer zuverlässig.

38 Handfeuerwaffen

»Es gibt nichts Stilleres als eine geladene Kanone«

Erstaunlicherweise stammt dieses Zitat nicht von Raymond Chandler, sondern von Heinrich Heine, und er lag damit gewiss nicht falsch. Allerdings meinte er tatsächlich eine Kanone und nicht, wie Chandler es getan hätte, eine Handfeuerwaffe.

Die Handfeuerwaffe ist so etwas wie der verstellbare Schraubenschlüssel im Werkzeugkasten des Krimiautors. Man sollte stets einen dabeihaben, denn meistens passt er, und wenn nicht, kann man damit immer noch zuschlagen.

Als Mensch und Bürger mag man sie verabscheuen, als Krimiautor wäre man ohne Schusswaffen ziemlich oft ziemlich angeschmiert.

Selbstverständlich geht es auch anders. Selbstverständlich gibt es Stichwaffen, können Menschen mit Draht erwürgt werden, kann eine Armbrust tödlichste Durchschlagskraft haben. Jeder Haushalt bietet ein Arsenal an Gegenständen, mit denen man sich gegenseitig umlegen kann. Aber Messer oder Draht haben wenig Reichweite, und eine Armbrust ist eher umständlich zu transportieren.

Tatsächlich geht es gar nicht um das Töten an sich. Das Tragen eines Revolvers oder einer Halbautomatik kann im Krimi (wie im richtigen Leben) zum Charakteristikum einer Figur werden: immer dabei und verborgen getragen.

Wir müssen diese Waffe nicht planvoll und umständlich in die Szene hineinschaffen. Eine Figur, der wir erlauben, eine Feuerwaffe bei sich zu tragen, ist in der Lage, jederzeit auf Distanz zu töten und – häufig wichtiger – ihre Gegenüber effektiv einzuschüchtern. Das bietet so viele erzähltechnische Optionen, dass man sie nicht leichtfertig ignorieren sollte.

Im deutschen Krimi ist das nicht ganz einfach. Außer Bullen darf eigentlich keine Figur eine Knarre tragen. Man braucht also glaubhafte Erklärungen. Bei Großstadtgangstern nehmen es die Leser einem noch ab, dass sie Wummen dabeihaben. Beim Familienvater auf Rachefeldzug muss man sich aber schon ein bisschen was einfallen lassen.

Laut »Dirty Harry« Callahan lässt eine 44er Magnum nur die Fingerabdrücke über. Mehr als tot ist der andere dann allerdings auch nicht. Krimi-Standard sind eher 38er Revolver und Neun-Millimeter-Halbautomatik. Die gute alte Walther PPK wird von der deutschen Polizei nicht mehr benutzt.

39 Handlung
Passieren sollte schon was

Während man Handlung in der Hochliteratur ohne Weiteres vernachlässigen, im Extremfall sogar weglassen kann und trotzdem 800 Seiten vollkriegt, werden im Krimi leserseitig Ansprüche an sie gestellt, die sich gewaschen haben.

Man hätte gern, dass die Handlung eines Krimis interessiert, dazu sollte sie abwechslungsreich sein, spannend und, als wär das nicht schon haarig genug, immanent logisch.

Beginnen wir mit Ersterem. Die Handlung einer Erzählung braucht einen Auslöser. Im Krimi ist das am bequemsten und deshalb in den allermeisten Fällen eine Leiche. Eine Leiche an sich ist aber keineswegs mehr so interessant, wie sie früher mal gewesen sein mag. Benötigt wird ein Aufhänger – sei es die ermordete Person, die Todesart, menschliche Verwicklungen der Ermittler – die Möglichkeiten sind endlos (und dennoch so gut wie alle bereits durchgespielt).

Für was auch immer man sich entscheidet, man muss davon überzeugt sein, dass es die Leser interessiert. Einfacher Test: Man beantworte sich *ehrlich* die Frage, ob es einen selber interessieren würde. (Wichtiger Tipp: Bei einem Nein sofort abbrechen und was anderes erfinden. Aber ein Ja ist mitnichten eine Garantie …)

Die eigentliche Handlung wird nun durch Reaktionen auf diesen Auslöser in Gang gesetzt und durch Reaktionen auf die Reaktionen in Bewegung gehalten. Die Stoßrichtung der Reaktionen läuft idealerweise auf die Bedrohung möglichst wichtiger Figuren hinaus. Bekommt der Leser Angst um sie, hat man eine spannende Handlung geschaffen.

Bleibt die Erwartung an die immanente Logik. Immanent logisch bedeutet etwas anderes als logisch, es bedeutet überzeugend. Ob man mystische Elemente einbaut (→ Mystik) oder Deppen unlogisch handeln lässt (→ Dummheit), entscheidend ist der stimmige Kontext.

Denn was auch immer wir ihnen erzählen, der Punkt ist, dass die Leser es glauben. Dann folgen sie uns überallhin.

Handlung und Action sollten nicht verwechselt werden. Action besteht zwar aus Handlung, trägt aber nicht zwingend zu ihr bei. Wenn sehr viel knallt, ohne dass etwas passiert, spricht man von »rasendem Stillstand«. So was kann auch Spaß machen.

40__Handwerkern

»Also, was ich wirklich toll finde, sind ja Bordüren …«

Etwa in den frühen 1980ern wurde in Deutschland die Behauptung populär, Schreiben sei Handwerk. Zunächst galt das vor allem für das Schreiben von Drehbüchern fürs damals neue Privatfernsehen. Ziemlich bald aber wurde es auch auf Kriminalromane bezogen.

Viele Schreibende fassten das damals als hoffnungmachende Herausforderung auf: Denn ein Handwerk kann man lernen, und wenn man es gelernt hat, beherrscht man es und wird deshalb respektiert. Sogar Meister kann man werden, wenn man fleißig lernt und übt.

Drauf gepfiffen.

Vielleicht hätte das Fehlen des unbestimmten Artikels bei »Handwerk« auffallen sollen. Schreiben als »ein Handwerk« wäre ja tatsächlich definierbar. Nur »Handwerk« dagegen ist kein konkreter Begriff. Handwerk ist zum Beispiel, Farben auf Flächen aufzutragen. Aber zwischen den Berufen Anstreicher und Maler & Lackierer liegt ein Kontinent und von dort zu dem des Kunstmalers eine Welt.

Gemeint mit »Handwerk« war und ist: Der Kunde sagt dir, was er haben will, und das machst du dann. Wenn er von dir verlangt, die Wand rot zu streichen, dann kannst du ihm als Fachmann zwar zu Gelb raten, wegen des Lichteinfalls vielleicht. Aber er wird Rot wollen, also streichst du die Wand rot, auch wenn du vorher weißt, dass das scheiße aussieht. Und wenn er dann sagt, Rot sähe scheiße aus, Grün wär bestimmt besser, dann streichst du sie grün. Und dann kommt seine Frau und meint, Gelb wär toll, und dann streichst du sie gelb. Und dann sagt der Kunde dir, seine Frau habe einfach den besten Geschmack. Und dann schreibst du eine Rechnung.

Und dann ist – hoppla! – auf einmal Schluss mit Handwerk beim Schreiben. Denn den Stundensatz eines Malers & Lackierers wird ein Schreiber frühestens am oberen Ende seiner Laufbahn einsetzen können.

Für 95 Prozent von uns ist Schreiben kein Handwerk.

Es ist ein verdammter Ein-Euro-Job.

Die Auffassung, Schreiben sei Handwerk, stammt aus den USA. Deswegen haben Schreiber dort Gewerkschaften und Tarifverträge und streiken, wenn ihnen die Bezahlung nicht passt. Von deutschen Medienschaffenden wird das bis heute fassungslos angestaunt.

41 — Hardboiled
Die Welt ist schlecht, wir bleiben cool

Es sind die hartgesottenen Helden, die dem Genre den Namen gaben. Sie haben sich von Amerika aus nach und nach über die Welt verbreitet, aber die USA bleiben ihr natürliches Habitat: ein Land mit einer verlässlich korrupten Politik, einer brutalen Polizei, einer unzuverlässigen Justiz, eingewachsener organisierter Kriminalität, heruntergekommenen Städten (kein Anspruch auf Vollständigkeit). Die ersten von ihnen tauchen in den 1920ern auf, und sie sind nie wieder verschwunden. Zur Brutalität neigende Einzelgänger mit selbst gestricktem Ethos, die man sich nicht zum Gegner machen sollte. Im wahren Leben möchte man diese Männer (nur in seltenen Einzelfällen sind es Frauen) eher nicht persönlich kennenlernen, die Storys um sie sind allerdings oft mitreißend.

Denn diese Typen denken nicht. Zumindest wird uns davon nicht erzählt. Sie reden. Sie handeln. Sie ziehen ihr Ding durch. Auch wenn sie den Täter suchen, vor allem suchen sie ihren Vorteil. Sie sind eher Gangster als Polizisten, und sind sie trotzdem Cops, scheren sie sich nicht um Vorschriften. Sie wissen, dass die Welt schlecht ist, und lassen sich davon nicht irritieren. Und sie sind Frauenfeinde allererster Kajüte.

Der deutsche Krimi tut sich ein wenig schwer mit dem Genre. Über die Gründe mag man spekulieren. Die nötige Gewaltbereitschaft, die die Leser bei einem in den USA agierenden Helden ohne Weiteres goutieren, wird einem deutschen eher krummgenommen. Dass Frauen entweder dumme Blondchen oder kalte, rachsüchtige Schönheiten sind, denen Mann, wenn erforderlich, auch mal eine semmelt, mag das Publikum hierzulande auch lieber aus der Ferne betrachten.

Und so weit, dass die Leser als gegeben voraussetzen, dass der Oberbulle korrupt, der Bürgermeister von der Mafia kontrolliert und der Staatsanwalt ein karrieregeiler Vergewaltiger ist, sind wir hier nicht.

Noch nicht.

Warten wir's ab.

»I've been as bad an influence on American literature as anyone I can think of.« »Ich war ein so schlechter Einfluss auf die amerikanische Literatur wie jeder, den ich mir vorstellen kann.«
Dashiell Hammett

42 Hauptfigur
Ein weites Feld

Die gute Nachricht vorneweg: Hier herrscht freie Auswahl. Wenn man schon bei Facebook aus 26 verschiedenen Geschlechtern sein eigenes auswählen kann, stehen dem phantasiebegabten Autor mindestens genauso viele zur Verfügung.

Wobei »phantasiebegabter Autor« eigentlich ein Pleonasmus sein müsste.

Bei den Berufen ist die theoretische Auswahl noch ungleich größer, jedoch liegt hier der des Polizisten aus so naheliegenden wie unoriginellen Gründen unangefochten auf Platz eins, gefolgt vom Privatdetektiv. Bei Amateurermittlern ist der Beruf eigentlich egal, kann bei geschickter Wahl aber konstruktiv eingesetzt werden. Allerdings muss dem Amateur ein Motiv fürs Ermitteln angedichtet werden, was bei Profi-Ermittlern entfällt (→ Ermittler). Polizisten haben ihre Pflichten, Detektive haben ihre Aufträge. Bequem, wie gesagt, ist das. Es birgt aber gleichzeitig einen warmen Nährboden für unsere böse alte → Todfeindin: die Langeweile.

Deshalb haben Kommissare seit Längerem gern ein Alkoholproblem, sind geschieden, alleinerziehend, depressiv, übergewichtig, zuckerkrank (für mehr reicht der Platz hier nicht), am allerbesten möglichst viel davon gleichzeitig. Fast möchte man von multiplem Sicherheitsorganversagen sprechen. Von der mittlerweile pandemischen Verbreitung dieser geschädigten Ermittlerfiguren nährt sich unsere Todfeindin allerdings auch schon wieder.

Etwas vernachlässigt als Hauptfigur wird der Kriminelle, zumal der erfolgreiche, der am Ende davonkommt. Dabei ist es eine reizvolle schriftstellerische Herausforderung, einen Verbrecher zur Identifikationsfigur zu machen. Wobei zu beachten ist: Ein psychopathischer Serienkiller, der in Serie killt, weil er Psychopath ist, ist kein bisschen weniger langweilig als ein Ermittler, der ermittelt, weil es sein Job ist.

Aber er könnte natürlich ein Alkoholproblem haben. Oder alleinerziehend sein …

Hauptfiguren dürfen sehr unterschiedliche Charaktere sein, Hauptsache, sie kommen irgendwie cool rüber. So wie diese beiden, die es jeweils zum Klassiker und zu Weltruhm geschafft haben.

43 Hintergrundwissen
Die halbe Recherche. Aber keinesfalls mehr ...

Den Anteil der Krimischriftsteller hierzulande, deren Berufsleben stets nur aus Krimischreiben bestand, kann man nur schätzen. Und so schätzen wir ihn hier mal auf anderthalb Prozent. Generell ist es begrüßenswert, wenn Krimiautoren ihre Leser an Fachwissen teilhaben lassen, das sie sich vor oder außerhalb ihrer schreibenden Tätigkeit erworben haben.

Wirkmächtig eingesetzt werden kann Hintergrundwissen besonders bei Setting und Atmosphäre. Das Arbeitsklima hinter einem Labor-, Verkaufs- oder Kneipentresen, am Steuer eines Lkws oder Taxis ist etwas, das man gewiss besser nacherzählen als erfinden kann.

Wissen – und Freude daran, es weiterzugeben – haben auch engagierte Amateure; sei es von Essen, Trinken, Kochen, Angeln, Golfen, Segeln, Malen, Schnitzen, Fußball, Kegeln, Musizieren, ganz zu schweigen von Aktienhandel und Anlageberatung ... (natürlich fehlen da ein paar hundert).

Aber das birgt Gefahren, speziell, wenn das Hintergrundwissen den Plot beeinflusst oder gar bestimmt. Menschen mit bestimmten Fähigkeiten, ungewöhnlichen Talenten oder Erfahrungen auf eher abseitigen Feldern sind meist ehrlich begeistert von komplizierten Details und Zusammenhängen, die sich aber dem Laien – also dem Leser – nicht ohne Weiteres erschließen. Um ihn mit dieser Begeisterung anzustecken, müsste man ihm den Grund dafür erklären. Und diese Begründung ist ein beliebtes Versteck für, Sie ahnen es, unsere alte › Todfeindin L.

Denn so viel Wissen man auch zu vermitteln haben mag, es geht um einen Krimi. Und selbst ein großer, echter und selbst erlebter Skandal etwa ist zunächst mal nur eine Exposition. Er ist noch keine Story.

Informationen haben zu dienen, nämlich der Erschaffung und Entwicklung von Charakteren, Plot, Setting und Atmosphäre. Wenn die Informationen nicht dienen, ist es eine Reportage mit Meinungsteil und angehängtem Krimiplot. Kein Krimi.

Kapitän zur See Joseph Conrad (* 1857 in Berdytschiw, heute Ukraine, † 1924 in Bishopsbourne, Großbritannien) brachte souverän sicher und beispielhaft Fachwissen und Erfahrung zu großer Literatur zusammen. Je nach gewählter →Definition waren auch Krimis dabei.

44 Historische Krimis
Sind schön, machen aber viel Arbeit

Als »historisch« ist, streng genommen, alles zu bezeichnen, was nicht in der Gegenwart oder danach passiert – das wäre dann allerdings so gut wie alles, von dem wir wissen. Ein weites Feld also.

Die Krimietikettierung ist nicht so streng. Hier läuft jüngere Vergangenheit noch unter Gegenwart.

Ab einer unklar definierten Grenze (liegt zurzeit irgendwo zwischen den Sex Pistols und der Einführung des Handys) greift dann das Konstrukt des »Zeitgeschichtlichen Krimis«. Er spielt zu Zeiten, die ältere Leser noch selber erlebt haben könnten. (Dieser Faktor macht ihn für Autoren zum verminten Terrain. Merke: Der Zeitzeuge ist der natürliche Feind der korrekten Recherche.)

Das Zeitgeschichtliche reicht (im Moment noch) zurück bis in die 1920er. Siedlet die Story davor, gilt der Krimi als richtig historisch. Und davor liegt eine Menge.

Selbst wenn man einschränkend voraussetzt, dass ein Krimi eine menschliche Zivilisation benötigt, kommen leicht ein paar Jahrtausende zusammen.

Nun ist nicht zu eruieren, gegen wen das kretische LKA damals wegen der Sache mit dem Minotaurus ermittelte (immerhin gab es eine zweistellige Zahl an Opfern), aber in der Antike dürfte es auch ausreichend profanen Mord und Totschlag gegeben haben, um einen Plot zu finden. Schwierig dagegen wird das Setting dort. Ein solches Projekt ohne Hintergrundwissen anzugehen wäre mutig, *mit* Hintergrundwissen ist die Gefahr gewaltig, sich darin zu verheddern.

Der Mittelalterkrimi ist leichter zu handhaben. Er ist in einer derart hohen Welle über die Leserschaft geschwappt, dass historische Settings als bekannt vorausgesetzt werden können.

Zu bedenken gegeben aber sei, dass die Begeisterung darüber abgeflaut ist, da, wie bei hohen Wellen üblich, auch diese eine Menge Unrat mitführte. Der liegt jetzt so rum. Bis zur nächsten Welle.

Der Begriff »Historischer Krimi« wird generell in einer leicht irritierenden Dialektik verwendet. Ein in der Gegenwart geschriebener, aber im 19. Jahrhundert spielender Kriminalroman gilt als historisch. Ein im 19. Jahrhundert geschriebener dagegen ist einfach nur ... alt.

45 __ Humor
Ein weites Feld

Angenehm beim Thema »Humor im Krimi« ist für Schreibende: Alles geht, nichts muss. Humor kann man komplett weglassen, genauso gut aber jedem vorbeieilenden Affen Zucker geben. Es ist viel Raum zwischen blutig düsteren Korruptionsverschwörungen und sonnigen Provinzpossen um trottelige Kommissare, die Dampfnudeln und Großmütter lieben.

Keine Regeln also, die man einhalten müsste. Klingt zunächst gut, bedeutet allerdings: Man war hinterher selbst schuld. Man kann sich nicht mal damit rausreden, dass jemand anderes es ähnlich schlecht gemacht hat (wenngleich sich da *immer* jemand findet).

Die Probleme fangen schon an mit der Frage, was Humor eigentlich ist. Eine Antwort würde hier den Rahmen sprengen. (Buchidee: »111 Definitionen von Humor, von denen Sie 110 für falsch halten werden«.) Vom Humor weiß so gut wie niemand wirklich etwas, aber jeder hat eine abschließende Meinung dazu, die wiederum nur bestimmte Menschen teilen; darin ähnelt er dem Fußball.

Auf die Frage, ob man Humor habe, hat vermutlich selten jemand mit Nein geantwortet. (Eine schöne Antwort gab Lieutenant Hauk in »Good Morning, Vietnam«: »Ich erkenne ihn, wenn ich ihn sehe, Sir!«)

Auf jeden Fall empfiehlt es sich, schon in der Konzeptphase eines Textes eine wenigstens ungefähre Vorstellung zu entwickeln, wie stark die Rolle des Humors angelegt werden soll. Kippen vom Harten ins Heitere oder umgekehrt ist weder falsch noch verboten, muss aber kontrolliert ablaufen. Der Härtegrad der Story spielt keine Rolle. Hardboileds, die ins Alberne kippten, gab es schon früh. Dagegen kann ein Regionalkrimi, entgegen weitverbreiteter (Kritiker-)Meinung, düster sein, selbst wenn er in Oberbayern spielt.

Generell gilt: Humor funktioniert nur in einer konsistent konstruierten Story, deren immanente Regeln gebrochen werden können. Denn wo keine Regeln sind, ist zwar alles möglich, aber auf die Dauer nichts mehr lustig.

Humor ist ein Körpersaft in der Humoralpathologie und ein orthodoxes Kloster in Rumänien, Humor aquosus dagegen eine klare Körperflüssigkeit in der vorderen und hinteren Augenkammer.

46 Ich-Perspektive
Me, myself, I …

In Krimis ist es heute üblich, die Erzählperspektive verschiedenen handelnden Personen zu überlassen. Der Leser begleitet den Polizisten zum Tatort, um in der nächsten Szene mit dem Täter auf der Flucht zu sein. Das ergibt auf einfache Weise ein umfassendes Bild der Story. Für Autoren ist es verlockend einfach, dieses Bild auszumalen, allerdings erschwert das die Konstruktion von Spannungsbögen erheblich.

Man muss kein Stilpurist sein, um es zu genießen, wenn Autoren sich der Herausforderung stellen, ihre Leser mit nur einer handelnden Person und ausschließlich deren Blick durch die Geschichte zu schicken. Die Ich-Perspektive ist die herausforderndste unter diesen Erzählsituationen.

Der Leser ist ganz und gar bei der Hauptperson, weiß, was sie weiß, sieht, was sie sieht, kriegt gemeinsam mit ihr von hinten eins über den Schädel gebraten. Die erzähltechnischen Herausforderungen hier sind Legion; werden sie gemeistert, entsteht die eleganteste und stilsicherste Variante des Kriminalromans (okay, Geschmackssache, aber trotzdem …).

Die Herausforderungen beginnen damit, den Leser über die Person des Ich-Erzählers aufzuklären. Ohne Beschreibung, nur durch ihr Handeln und Reden, muss beim Leser ein Bild des Menschen entstehen und – viel wichtiger – Empathie. Gemeinsam mit dem Helden gewinnt und verliert der Leser nicht nur – er ist auch gemeinsam mit ihm gut und böse – mitunter *sehr* böse.

Eine ebenso große Aufgabe für den Autor ist es, das Gesamtszenario so zu schildern, dass es spannend und verständlich bleibt. Wir wissen eben *nicht*, was zum Beispiel der Täter auf der Flucht macht. Wir wissen *nicht*, was der Antagonist weiß, wir müssen es zusammen mit dem Ich-Erzähler herausfinden; und aus dieser notwendigerweise beengten Sicht muss die ganze Sphäre geschildert werden, in der der Held handelt.

Und das alles in spannend und nicht langweilig.

Im Sport nennt man so was Königsdisziplin.

Berühmt-berüchtigte Ich-Erzähler: Mike Hammer begleitet man beim Reden, Prügeln, Schießen und Trinken, ohne von ihm allzu sehr mit Reflexion darüber belästigt zu werden. Der Ich-Erzähler in Agatha Christies »Alibi« hat ein Geheimnis, das hier nicht verraten werden soll. Und Patrick Bateman ist *wirklich* ein American Psycho.

47_Intelligenz
Nicht immer hilft viel viel

Wie viele Bücher man besitzt, lässt sich klar sagen. Bei Intelligenz ist die Antwort schwieriger. Denn ähnlich wie beim Krimi verfügt bei der Intelligenz jeder über eine Meinung zu ihr, aber niemand über eine Definition. Die einzige wasserdichte Definition von Intelligenz lautet: Sie ist das, was der Intelligenztest misst. Das ist natürlich unbefriedigend, aber leider nicht zu ändern, zumindest nicht an dieser Stelle.

Dessen ungeachtet muss die Frage, ob Arthur Conan Doyle intelligenter war als Sherlock Holmes, mit einem klaren Nein beantwortet werden. *Niemand* ist intelligenter als Sherlock Holmes. Allenfalls Professor Moriarty konnte ihm das Wasser reichen. Für den Krimi lautet die Definition von Intelligenz quasi: Sie ist das, was Sherlock Holmes besitzt.

Trotzdem konnte ein (vermutlich) *normal* intelligenter Mensch wie Conan Doyle ein derartiges Superhirn nicht nur erfinden, sondern auch mit Leben erfüllen. Was zu der Frage führt, wieso Figuren intelligenter sein können als ihre Schöpfer.

Es mag für die Erschaffer solch kluger Figuren ernüchternd sein, aber deren Intelligenz erlaubt keine Rückschlüsse auf ihre eigene. Schreibende Menschen genießen gegenüber ihren Geschöpfen nämlich eine Reihe unfairer Vorteile. Zum einen haben sie einfach mehr Zeit. Während Sherlock an einem Drei-Pfeifen-Problem drei Pfeifen lang grübeln durfte (was für ihn ja schon ziemlich viel war), stand seinem Erfinder so viel Zeit zur Verfügung, wie er eben brauchte.

Und komplexe Situationen schnell zu durchblicken mag für die vor ihnen stehende Figur schwierig sein. Für den, der die Probleme in aller Ruhe geschaffen hat, ist es allenfalls eine mittelgroße Herausforderung (an der nichtsdestotrotz immer wieder aufs Neue gescheitert wird).

Fiktive Figuren können also sehr viel cleverer sein als ihre Schöpfer. Für die reicht normal schlau. So intelligent wie Arthur Conan Doyle genügt.

Da das Intelligenzpotenzial fiktiver Figuren unabhängig ist von dem ihrer Schöpfer, können auch normal intelligente Autoren so brillante Polizisten erfinden wie Lieutenant Frank Drebin vom L.A.P.D.

48 Justiz
So blind kann man gar nicht sein

Krimis, in denen polizeiliche Ermittlungen eine Rolle spielen, können nur selten komplett auf den Justizapparat verzichten. Schon weil es keine Ermittlungen gibt, wenn sie nicht von der Staatsanwaltschaft angeordnet werden. Sie ist »Herrin des Verfahrens«.

Im Krimi regelmäßig benötigt werden zudem Haftrichter. Und das Schwurgericht. Und die Justizvollzugsanstalt. Und die Bewährungshilfe. Allerdings ist der Justizapparat ein arg unübersichtliches Gebilde. Die Staatsanwaltschaften sitzen beim jeweiligen Landesgericht, beim Oberlandesgericht sitzen die Generalstaatsanwaltschaften. Beides sind Landesbehörden und ihrem Landesjustizminister (einem von 16) weisungsgebunden unterstellt. Die Generalbundesanwaltschaft gibt es auch noch.

Will man seine Figuren in diesen Apparat hineinschicken oder gar wieder herausholen, kann man dort als argloser Krimiautor ohne ausreichendes Hintergrundwissen schnell mal am Thema vorbei recherchieren.

Zudem hat die hiesige Justiz, wie so vieles in Deutschland, erzähltechnische Nachteile gegenüber ihrer US-amerikanischen Entsprechung. Den Schauwerten dortiger Gerichtsveranstaltungen können deutsche wenig bis nichts entgegensetzen. Entsprechend selten bekommt das hiesige Krimipublikum sie geboten (stattdessen jede Menge holzvertäfelte Säle, in denen die Todesstrafe droht und dauernd wer »Einspruch, Euer Ehren!« brüllt).

Das hat für deutsche Krimiautoren immerhin den einen Vorteil, dass die Leser der sachlichen Richtigkeit hier ähnlich nachsichtig gegenüberstehen wie im Falle der (ja auch zur Justiz zählenden) Gerichtsmediziner.

Allerdings mahlen die Mühlen der Justiz hierzulande *derart* langsam und undramatisch, dass der deutsche Krimi vor einem Realismusdilemma steht. Denn wenn so wenig so langsam passiert, ist das schlicht nicht spannend. »Exakt recherchiert« wird hier deshalb in den meisten Fällen deutlich geschlagen von »gut erfunden«.

Die Klassiker des Justizkrimigenres spielen überwiegend im Bereich der angelsächsischen Rechtsprechung. Einer der großen darunter und zugleich einer der wenigen mit deutscher Beteiligung ist Billy Wilders Agatha-Christie-Verfilmung »Zeugin der Anklage« mit der göttlichen Marlene Dietrich.

49 Künstliche Intelligenz
Software kann echt hart sein

Für Krimiautoren gibt es zwei Perspektiven auf KI. Da ist zunächst ihre Tauglichkeit als Erzählstoff. Die besitzt sie in hohem Maße. Ihre erzähltechnischen Eigenschaften sind ähnlich denen des → Hackers. Niemand weiß alles über KI, deswegen kann sie alles können, was immer die Geschichte auch braucht.

Der Hacker kann sie nutzen wie Harry Potter seinen Zauberstab, um den Plot in jede vom Autor gewünschte Richtung zu schubsen. Allerdings läuft der Hacker Gefahr, seine Rolle in naher Zukunft komplett an die KI zu verlieren.

Denn wozu braucht man in der Story noch einen pickeligen Fettsack oder eine weibliche Kampfmaschine in schwarzem Leder, wenn künstliche Intelligenz wirklich intelligent ist? Dann kann sie doch eh alles selber. Das ist ja gerade die Pointe.

Womit wir zur zweiten Perspektive kommen, und die ist für Autoren mittelfristig ebenso wichtig wie richtig gar nicht witzig.

Schriftsprache hat Regeln, und wenn KI irgendwas kann, ist das Regeln lernen. Im Jahre 2018 (dies als notwendiger Hinweis, → Zeitgeist) schreibt und veröffentlicht KI bereits professionell und für Geld journalistische Texte – tippfehlerlos, sprachlich einwandfrei und in Millisekunden. Und wir lesen sie, und wir bemerken keinen Unterschied.

Kriminalliteratur hat als Genre ebenfalls Regeln. Diese beruhen auf Erwartungshaltungen, die man dem Publikum unterstellt. Und Erwartungshaltungen zu unterstellen ist quasi der Brotberuf von KI: ohne sie keine Amazon-Empfehlungen, keine personalisierte Werbung, keine Spotify-Playlist – und spätestens wenn künstliche Intelligenz auf echte Blödheit trifft, ist sie unschlagbar.

Daher eine komplett ironiefreie Ansage: Es ist eine Frage nur weniger Jahre, bis KI ihren ersten Krimi schreibt. Und damit Erfolg hat. Weil sie alle Lesererwartungen kennt und erfüllt.

Denn sie kennt sie wirklich. Man wird sie dafür lieben.

Sorry, nur der Bote.

Der HAL 9000 hätte als Raumschiffcomputer bereits 2001 funktionieren sollen. 2004 wurde er in die »Robot Hall of Fame« aufgenommen. Im Gegensatz zum Nachfolgesystem Skynet konnte er noch abgeschaltet werden – wenn auch mühsam, wie man dem Display entnehmen kann.

50 Klappentext
Sehr lästig, sehr wichtig

Beim Thema Covergestaltung wurde bereits der Wurm erwähnt, der dem Fisch und nicht dem Angler schmecken muss. Der Klappen- oder (bei Paperbacks) Rückseitentext ist quasi – nein, nicht der Wurmfortsatz, eher die Angelschnur.

Das Buch liegt in der Buchhandlung – träumen wir mal bisschen – auf einem Tisch in Eingangsnähe. Der potenzielle Leser kommt herein. Sein Blick schweift mäßig interessiert über die ausgestellten Bücher … doch da! Der Blick verhakt sich an dem von den Fachleuten unseres Verlages vorbildlich originell und farbenfroh (aber nicht zu außergewöhnlich und bunt) gestalteten Umschlag. Neugierig beugt er sich vor, beäugt das Cover näher. Er greift danach! Bingo! Aber hängt er schon am Haken? Noch nicht. Deshalb jetzt gaaaanz vorsichtig.

Er beginnt, den Klappentext zu studieren. Jetzt entscheidet sich, ob er den Haken wieder ausspuckt – oder wir ihn ihm durch die Lippe ziehen. Da, eine Falte auf seiner Stirn. Vielleicht war »Kriminalhauptkommissar Schwarzentaler verdächtigt Oberstudienrat Müller-Wiesenhügel, Professor Schmitz-Nittenwilm, den Geliebten seiner Ex-Verlobten Lara-Alexandra Krachtochvilova, auf dessen Landsitz in Georgsmarienhütte mit Perchloraethylensulfat vergiftet zu haben« doch kein so guter Köder.

Die Aufgabe hier lautet nämlich *nicht*, den Plot zu erzählen. Sie lautet vielmehr, binnen weniger Zeilen so viel Spannung wie möglich aufzubauen. Auf welche Weise auch immer. Probieren wir es mal mit: »Mord, ohne Zweifel. Das Gift: nicht nachweisbar. Ein harter Job für Schwarzentaler.« Und da: keine Stirnfalte mehr, stattdessen gehobene Augenbrauen, ein leichtes Nicken, und zack! – der Haken sitzt. Ab zur Kasse.

Vor allem bei größeren Verlagen ist der Einfluss der Autoren auf Klappen- und Katalogtexte gering. Viele der kleineren dagegen schätzen es, wenn ihre Autoren dabei helfen. Es lohnt sich, in solche Gelegenheiten ein wenig Zeit und Arbeit zu investieren.

Beim Klappentext bleibt meist wenig, als den Leuten vom Verlag zu vertrauen. Zwar kennt der Autor sein Buch besser als jeder andere, schließlich ist es sein Baby – andererseits: schon mal Eltern zugehört, die über ihre Babys reden?

51 Korruption
Klüngel klingt doch viel netter ...

Einer der Vorteile, die Krimiautoren auf Kontinenten wie Amerika oder Afrika haben, ist die Selbstverständlichkeit, mit der ihre internationale Leserschaft – also auch die deutsche – die Existenz von Korruption als gegeben hinnimmt. Dort angesiedelte Storys verfügen dadurch über eine Menge erzählerischen Raum, der hierzulande weitgehend fehlt. Dass beispielsweise Frank Serpico mehr oder weniger der einzige unbestechliche Bulle in ganz New York City war, hat man ihm und dem nach seiner Biografie gedrehten Film ohne Weiteres abgenommen.

Wenn ein deutscher Polizist Entsprechendes von sich behauptete, stieße er in seiner Heimat mit Sicherheit auf größere Skepsis (anderswo vielleicht weniger).

Obwohl die Realität schon geraume Zeit am Bild vom generell unbestechlichen deutschen Beamten nagt, hat die Korruption in der deutschen Kriminalliteratur noch nicht den prominenten Platz gefunden, der ihr eigentlich gebührt. Ihre Existenz in der Wirtschaft – in der Finanzwelt sowieso – wird zwar als realistisch akzeptiert, die Vorstellung vom korrupten Bullen aber ist derzeit noch exotischer, als sie sein sollte. Unfähige und dämliche Polizisten, Staatsanwälte oder Innenminister mögen seit Langem akzeptierte und etablierte Klischees sein, bestechliche Beamte sind es nicht im gleichen Maße. Rauschgiftdezernatsleiter, die anderthalb Kilo Koks im Dienstspind bunkern, etwa oder Skandale im V-Mann-Unwesen der Landeskriminalämter werden nach wie vor als Ausrutscher oder atypische Einzelfälle wahrgenommen, auch wenn sie kaum mehr zählbar sind.

Mag das Bild vom korrupten Bullen anderswo ein Stereotyp sein, in Deutschland ist es das nicht. Und es kann zum ernst zu nehmenden erzähltechnischen Problem werden, wenn ein großer Teil der Leserschaft sich weigert, eine realistische Darstellung als realistisch anzusehen.

Der deutsche Krimi hat da ein dickes Brett zu bohren.

Der reale Frank Serpico hat 1970 quasi im Alleingang das gesamte NYPD hochgehen lassen. Dass er im Film von Al Pacino dargestellt wurde, hat seiner Glaubwürdigkeit nicht geschadet.

52__Krimireihen
Stark anfangen und nicht nachlassen

Krimireihen sind in aller Regel an ihre Hauptperson gebunden. Meist sind das Polizisten, Privatdetektive oder Amateurermittler. Gelingt es, einen Protagonisten zu schaffen, auf dessen nächsten Fall die Leser warten, ist das natürlich ein Segen für Verlag, Buchhandel und Autor. Also wächst die Zahl der Krimireihen nach Kräften. Es kommt durchaus vor, dass Figuren, die eigentlich nur für einen Fall erschaffen wurden, durch dessen Erfolg genötigt werden, immer weiterzuermitteln.

Generell zu unterscheiden sind Serien, also Folgen eigenständiger Geschichten im gleichbleibenden Setting, und Reihen, in denen das Setting sich entwickelt. Bleibt der Kommissar Kommissar oder wird er auch mal befördert? Zieht er mal um? Wird die Ehe halten? Altern die Protagonisten, oder agieren sie immer im selben Lebensabschnitt? (Das Altern kann zur erzählerischen Herausforderung werden, zum Beispiel wenn Polizeibeamte das Pensionsalter erreichen. Oder der Nachwuchs pubertiert.)

Geschichten komplett aufeinander aufzubauen ist im Krimi eher schwierig, da das Genre nach echten Abschlüssen verlangt, was dem Epischen generell im Wege steht. Aber auch wenn auf die Plots vorangegangener Bücher gar kein Bezug genommen wird, möchte das Publikum die Bände doch in der richtigen Reihenfolge lesen. Der erste Band wird manchen zum zweiten locken, aber eben nicht alle. Und wenn der zweite und dritte Band erscheint, wird in der Buchhandlung empfohlen, doch lieber mit dem ersten anzufangen.

Das führt zu einem Phänomen, das auf Autoren frustrierend wirken kann: Der erste Band wird immer der erfolgreichste bleiben. Aber eigentlich ist das kein echter Grund für Frust: Denn ob der dritte Band sich selbst verkauft oder den ersten, ist auf der Jahresabrechnung egal. Und kauft unser Leser nach dem ersten noch den zweiten, ist man im Plus, selbst wenn er den dritten liegen lässt.

Fühlt sich trotzdem blöd an.

Dass der Verbrecher nicht erwischt wird, ist für den Krimi eher untypisch. Schon deshalb sind Reihen-Bösewichte rar. Patricia Highsmiths sinistrer Tom Ripley brachte es auf immerhin fünf Romane und Verfilmungen. Dargestellt wurde er von Alain Delon, Matt Damon, John Malkovich und Barry Pepper, Dennis Hopper spielte ihn in Wim Wenders' »Der amerikanische Freund«.

53 Künstlern
Vita brevis, ars longa

Menschen, die sich für Künstler halten, sind unter den Krimiautoren eher in der Minderheit. Als Selbstbenennung wird überwiegend – und überwiegend stolz – Krimi*autor* und nicht etwa *-schriftsteller* gewählt. Schon dies ist ein deutlicher Hinweis auf die Selbst- und die Markteinschätzung. Und in den meisten Fällen ist sie nicht verkehrt.

Der Unterschied zwischen Autor und Schriftsteller ist, dass der Schriftsteller schreibt, was er will, und der Autor, was von ihm erwartet wird (und wofür man ihn bezahlt, → Handwerkern).

Kriminalliteratur ist ein Genre, und das Genre an sich erschwert die Herstellung von etwas, das man Kunst nennen würde, nicht nur im Krimi. Denn ein Genre besteht letztlich aus wenig mehr als aus Erwartungshaltungen: Menschen, die ein Buch kaufen, auf dem »Krimi« steht, erwarten Verbrechen, Ermittler, Aufklärung. Dies ist keinesfalls eine Definition, dies ist eine berechtigte Erwartung. Stünde »Western« drauf, dürften sie Pferde erwarten.

Solche Erwartungshaltungen zu erfüllen ist die Aufgabe von Genres. Das führt notwendigerweise zu Verpflichtungen und zu Grenzen. Lässt sich ein kreativ schaffender Mensch auf ein Genre ein, akzeptiert er beides. Und das Akzeptieren von Grenzen könnte man das Gegenteil von Kunstschaffen nennen.

Das bedeutet aber nicht, dass Kunst im Krimigenre nicht möglich ist. So mag beispielsweise eine Geschichte entstehen, genau so, wie ihr Schöpfer meint, dass sie sein müsse – und dann erst stellt sich heraus, dass sie Verpflichtungen erfüllt und Grenzen nicht überschreitet: Bitte sehr, wir nennen es Krimi – *und* es ist Kunst.

Häufiger als das kommt allerdings vor, dass Hochliteraten sich denken: Och, 'nen Krimi könnt ich auch mal. Genre hin oder her, wenn *ich* das mach, ist das sowieso Kunst. Sein Hochliteraturverlag schreibt dann brav statt »Krimi« »Kriminalroman« drauf, damit es auch nach Kunst klingt.

In aller Regel klingt das dann aber nur so.

Mitte des 19. Jahrhunderts gab es das Krimigenre noch nicht. Wilkie Collins schrieb deshalb Kriminalgeschichten, ohne Erwartungen erfüllen zu müssen. Unsterblich gemacht hat ihn das leider nur im übertragenen Sinne. Hier sein Grab auf dem Kensal Green Cemetery in London.

54 Kulinarischer Krimi
Schock oder Wok? Pott oder Plot? Sekt oder Selters?

Das Kochrezept wurde 1960 von Johannes Mario Simmel in die deutsche Spannungsliteratur eingeführt und hat sich dort erfolgreich festgesetzt. Es gab Zeiten, in denen gefühlt überhaupt keine Krimis mehr verlegt wurden ohne Rezept drin. Diese siedend heiße Phase scheint hinter uns zu liegen, aber Krimis, in denen gekocht wird, haben bei den Lesern und damit beim Buchhandel immer noch einen großen Steinbutt im Brett (sorry, der musste …).

So, wie Regionalkrimis mitunter als Reiseführer aufgefasst werden, wird der kulinarische Krimi als Kochbuch verstanden. Aus Krimisicht: missverstanden. Denn eine solche Doppelfunktion ist zunächst mal ein Handicap für einen Spannungstext, und ein solcher sollte ein Krimi sein.

Notwendig ist deshalb die Autorenentscheidung über die Gewichtung der jeweiligen Funktion. Schreibt man sowieso gerade einen Krimi und möchte nur die Gelegenheit nutzen, ein paar Lieblingsrezepte unter die Leute zu bringen, kann man diese an passender Stelle in die Spannungsbögen einflechten und das erzähltechnisch durchaus kunstvoll nutzen. Der Rhythmus der Story wird bewusst verzögert oder sogar gestört, zugleich wird den Lesern ein Mehrwert angeboten, den sie ausschöpfen können, wenn sie mögen; sie können es aber auch lassen. (Kochkrimiautoren werden es nicht gern hören, aber es gibt Leser, die blättern einfach über die Rezepte weg. Ehrlich …)

In jedem Fall wird sich die Spannung nach einem eingestreuten Kochrezept auf einem niedrigeren Level befinden als vorher und muss also wieder hochgeschraubt werden. Das sollte man sich klarmachen, und zwar möglichst *vor* dem Schreiben.

Man kann jedoch auch einfach ein beliebiges bisschen Krimistoff benutzen, um die leeren Seiten zwischen den Rezepten zu füllen. Geht auch und passiert leider nicht selten.

Und das sind dann auch Krimis. Weil, steht vorn drauf.

Aber wenn's dann nicht schmeckt …

Rex Stouts New Yorker Privatdetektiv Nero Wolfe arbeitet seit 1934 überwiegend am Schreibtisch. Sein Gewicht pendelt zwischen 125 und 140 Kilo, er beschäftigt einen eigenen Schweizer Koch, brachte es zu einem nach ihm benannten Krimipreis und einer eigenen Briefmarke.

55 Kurzkrimi
Viel Arbeit für wenig Text

Aus Autorensicht spricht einiges für und gegen den kurzen Krimi. Vor allem Anfängern macht er weniger Angst. Manchem getriebenen Schreiber, dem die Texte so lang werden, wie sie eben werden, dient er als Nothafen. Wirtschaftlich ist es allerdings eher uninteressant, Kurzkrimis für die Schublade zu schreiben. Denn die Chance, sie später zu verkaufen, ist nicht wirklich hoch. Nur sehr wenige Verlage warten darauf.

Bedarf herrscht bei Anthologien, oft zu bestimmten Anlässen oder Themen. Dabei werden meist Originaltexte verlangt. Nur in Glücksfällen darf es auch ein bereits erschienener sein. Auch gibt es dort in aller Regel Vorgaben, denen ein Text aus der Schublade bestenfalls zufällig entsprechen kann. Nicht nur der thematischen oder regionalen Aspekte wegen: Die Herausgeber kalkulieren das Buch mit einem bestimmten Umfang und erwarten Texte von einer manchmal erschreckend genau vorgegebenen Zeichenzahl.

Will man es gut machen, und das wollen wir ja alle, ist es durchaus eine Herausforderung, tragfähige Spannungsbögen in einer vorher exakt festgelegten Länge herzustellen. Das gelingt selten beim ersten Versuch.

Wie im Roman braucht es Idee, Setting und Personal – zumindest. Dass dafür weniger Platz bleibt, macht die Sache kürzer, aber nicht leichter. Zudem ist die Idee eine harte Währung im Krimiautorendasein, und eine gute sollte man nicht ohne Not für einen Zwölfseiter verbraten, wenn sie für einen Roman reichen könnte.

Faustregel: Je kürzer der Text, desto aufwendiger ist es, das angestrebte Niveau zu erreichen. Adjektive und Adverbien sind nur nach strenger Überprüfung einzusetzen, Füllwörter und Redundanzen sind verboten, hinschreiben ist Silber, streichen ist Gold.

In einem solch engen Rahmen beim Leser Interesse und Empathie für Personal und Story zu erzeugen ist in jedem Falle anspruchsvoll.

Manchmal ist dafür sogar Kunst erforderlich.

Ungekrönter König des deutschen Kurzkrimis ist John Miller alias Reinhard Jahn. Inspector Carter und sein Team lösen Woche für Woche neue Fälle, auf nicht mehr als gerade mal 2.500 Zeichen. Und das seit mehr als 15 Jahren.

56_Layout
Sein und Schein

Die literarische Entscheidung »dicker oder dünner (Kriminal-)Roman« mag vom Autor getroffen werden. Wie dick oder dünn das Buch hinterher tatsächlich ist, entscheidet jedoch der Verlag.

Denn eine Buchseite ist keine feste Größe. Buchformat, Typografie, Zeilenabstand oder Seitenrand sind Parameter, die beim arglosen Lesen zunächst gar nicht ins Auge fallen, aber sie lassen Bücher in erstaunlichem Maße anschwellen oder schrumpfen.

Ein klassischer Taschenbuchkrimi kam bis in die 1970er Jahre hinein gern mal mit 124 Seiten aus. Heute wagt sich niemand mehr mit so etwas auf den Markt. Was damals als ziemlich öde, aber preisgünstige Bleiwüste daherkam, ist nun eine locker gesetzte Premiumausgabe mit freundlicher Typo und großzügiger Kapitelunterteilung. Unter 180 Seiten wird heute kaum ein Krimi angeboten, selbst wenn die Erstausgabe sich noch mit 112 begnügte. Bei gleicher Textmenge, selbstredend.

Das Layout kann auch ins Künstlerische erweitert werden, meist geschieht das durch Illustrationen. Zudem kann man die Anmutung des Buches verändern, beispielsweise mit dickerem Papier.

Bücher werden nicht nur aufgepumpt, wenn nötig werden sie auch geschrumpft. Wenn Verlage ihre Marketing- oder Vertriebskonzepte ändern oder ein Buch als Lizenzausgabe erscheint, müssen aus 600 Seiten schon mal 450 werden. Hier wird dann oft auch direkt in den Text eingegriffen, gern mit einer gewissen Herzhaftigkeit.

Wissen sollte man: Das gedruckte Buch unterliegt technischen Gegebenheiten. So ist die Bruttoseitenzahl (inklusive Vor- und Nachsatzblätter) zwingend ein Vielfaches der Zahl der Seiten auf den verwendeten Druckplatten oder -bändern. Lautet diese zum Beispiel 16, und das Buch hat beim ersten Layout 310 Seiten, wird man ein paar Kleinigkeiten ändern und es auf 320 bringen. Und zwar so, dass Nichtfachleute es überhaupt nicht bemerken.

Und vielleicht sogar einen höheren Preis dafür zahlen. Freiwillig. Hat auch was.

Im Krimibereich wie immer ganz vorn: Elmore Leonard. Seine »10 Rules Of Writing« sind genau das: 10 Regeln des Schreibens in 10 kurzen Artikeln. Erhältlich im Hardcover, illustriert, 89 Seiten; (ab 12,99 – falls jemand mal ein Geschenk sucht).

57 Lektorat
Liebevoll und schwer erträglich

Die Intensität der Beziehung eines schreibenden Menschen zur lektorierenden Person ist proportional zu seiner Beziehung zum Text. Sie kann also sehr intensiv sein. Oder eben lau. Manche Autoren geben ihre Erzeugnisse beim Verlag ab, ohne sich für Weiteres zu interessieren. Kann man machen.

Autoren jedoch, denen etwas an dem liegt, was sie schreiben und veröffentlichen, werden in banger Erwartung dem Empfang des vom Lektorat bearbeiteten Textes entgegensehen. Man hat sein Baby einem fremden Menschen überlassen, der behauptet zu wissen, was gut für es ist, und man weiß nicht, ob man ihm trauen kann. Erleichtert liest man dann im freundlichen Anschreiben, der Text sei »ganz toll« und man habe nur »ganz wenige Anmerkungen« dazu. Das ist allerdings ein dehnbarer Begriff, und so entpuppen sich »ganz wenige Anmerkungen« beim Öffnen der Datei regelmäßig als Rhapsodie in Rot.

Dass man Zeichensetzung nicht beherrscht, war einem in dieser Form bis dahin vielleicht noch nicht vermittelt worden, und wie oft man das dass vergisst, auch nicht. Und das alles, nachdem man es zweimal überarbeitet hatte. Richtig schlimm wird es aber, wenn es ans Eingemachte geht, an Plot, Personen, Dialoge, Anfang, Ende, einfach alles. Was das Lektorat einen fachlich begründeten Einwand nennen mag, kommt bei Vater oder Mutter eines Textes schon mal als persönliche Beleidigung an.

Ist es aber nicht. Es ist ein fachlich begründeter Einwand. Zu der Erkenntnis muss man jedoch erst mal gelangen. Sobald einem das gelungen ist, sollte man sich klaren Kopfes mit der Begründung auseinandersetzen und von Einzelfall zu Einzelfall entscheiden, ob man die Empfehlungen umsetzt. Aber letztlich ist man in einer *Lose-lose-*Situation: Ist der Einwand unberechtigt, ist man sauer aufs Lektorat. Ist er angebracht, ärgert man sich über sich selbst.

Genau wie bei Krimis gibt es unter Lektoraten gute und schlechte. Was völlig unumgänglich ist, da sie von Menschen durchgeführt werden (noch, → Künstliche Intelligenz). Immer häufiger gibt es auch *kein* Lektorat, was gut, weil billig für den Verlag, aber schlecht für Autoren und Krimis ist, die beide dadurch keinesfalls besser werden – der Ruf des Genres auch nicht.

Dass Lektorat ein Kostenfaktor ist, wird von Autoren allerdings gern übersehen. Auch dass Lektoren (so sie nicht zu den seltenen fest angestellten zählen) pro Seite bezahlt werden, und das nicht gut. Sowieso können sie nicht die gleiche intensive Beziehung zu Texten haben wie deren Erzeuger. Sie werden ihre Arbeit so machen, dass Aufwand und Dauer in halbwegs gesunder Relation zur Bezahlung stehen. Das ist bei manchem Text mitunter weniger, als er nötig hätte. Ohnehin läuft jeder Fehler Gefahr, übersehen zu werden, deshalb ist es wichtig, so wenige wie möglich zu machen, weil man natürlich sowieso welche macht. Anzunehmen, man könne bei Rechtschreibung, Continuity oder Zeitgerüst mal fünfe gerade sein lassen, weil das Lektorat das hinterher schon wuppe, ist ein schwerer Irrtum. Außerdem respektlos.

Auch die Textlänge fällt in den Verantwortungsbereich des Lektorats, gegebenenfalls müssen Kürzungen durchgeführt werden. Wenn dieser Text so lang ist, dass das Foto der Lektorin nicht mehr ganz auf die Seite passt, ist der Autor daher komplett unschuldig.

Stefanie Rahnfeld hat dieses Buch und sieben Romane von Martin Schüller lektoriert. Er war jedes Mal stinksauer auf sie. Weil sie immer recht hatte. Fast jedenfalls.

58_Leser
Die ganz ganz großen Unbekannten

»Also, ich sammle ja Köln-Krimis. Ich hab vier Stück. Aber was Sie *da* geschrieben haben! *So* brutal. Dabei sind Sie doch so ein netter junger Mann …«

Tja. Was soll man sagen, wenn man von seiner Nachbarin im Treppenhaus gestellt wird, nachdem man mal einen richtigen Hardboiled rausgehauen hat? Ihr erklären, dass es Leute gibt, die so was gut finden? Dass man gar kein so netter junger Mann ist? Auf jeden Fall kein junger? Lesermeinung so direkt mitgeteilt zu bekommen ist eher die Ausnahme, aber das Buch muss Frau Bruchkötter echt erwischt haben. Nehmen wir es mal als Kompliment.

Einem jeden recht getan ist nie, das ist freilich eine Binse. Schon der Versuch ist überflüssig. Aber man muss sich irgendwie verhalten dazu, dass Leser Meinungen entwickeln zu dem, was man ihnen da verkauft hat. Ablehnung muss man verkraften, aber Lob kann auch erschrecken, wenn es von Menschen kommt, mit denen man gar nichts zu tun haben mag, aus welchen Gründen auch immer, politischen etwa oder weil sie Helene-Fischer-Fans sind oder bei der Heilsarmee. Der Umgang damit ist eine Frage der Persönlichkeit und entzieht sich von daher jeder Bewertung von außen, aber eine Frage bleibt es.

Bei Lesungen etwa, wo persönlicher Kontakt kaum vermeidbar ist, ist es nicht ratsam, gegen seine Instinkte zu agieren. Ist man schüchtern, muss man da durch. Ist man ein Großmaul, müssen die Leute da durch. Ist man ein Entertainer, haben alle Glück gehabt.

Ähnliches gilt für den indirekten Kontakt. Soziales Netzwerken gehört heute zum Handwerk, ist aber nicht jedermanns Sache. Die Anstrengung, die es kostet, muss in irgendeiner Relation stehen zum vermuteten Mehrwert. Wenn es sowieso Spaß macht, haut also rein.

Direkten Lesermails oder -briefen (doch, die gibt's noch) ist man allerdings quasi ausgeliefert. Positive sind positiv, für negative gilt: Eine Reaktion ausgelöst zu haben ist als Kompliment zu betrachten. Immer.

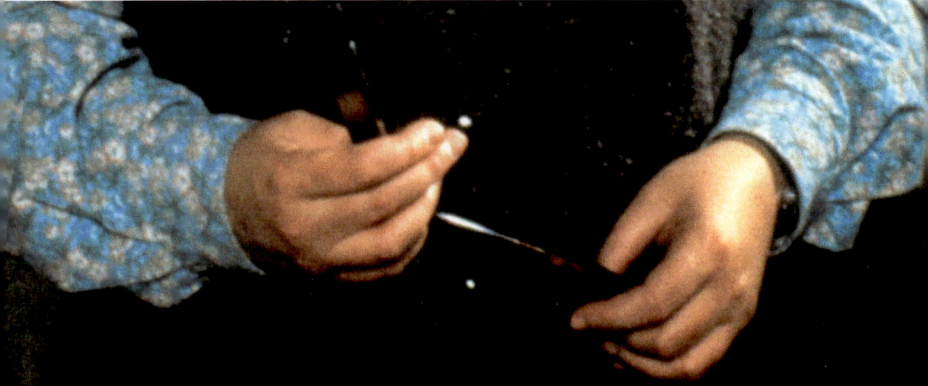

Dass es mitunter ratsam ist, Lesermeinungen nicht komplett zu ignorieren, hat James Caan von Kathy Bates in der Verfilmung von Stephen Kings »Misery« eindrücklich vermittelt bekommen.

59_Lesungen I: Die Bühne
Die ganz andere Kunstform

Aus Krimis vorzulesen ist eine völlig andere Aufgabe, als Krimis zu schreiben. Die Fähigkeit, einsam eine Geschichte zu verfassen, ist quasi das Gegenteil von allem, was ein Vorleser können sollte. Und er sollte einiges können.

Zunächst mal natürlich vorlesen. Also einen Text fließend ablesen und dabei so vortragen, dass alle im Raum ihn verstehen können. Das sind die Basics. Dass die nicht von allen Autoren beherrscht werden, weiß jeder, der mehr als eine Lesung besucht hat.

Das liegt mitunter daran, dass recht vielen unter uns einsamen Streitern schlicht die Freude daran fehlt, sich vor einer Menge fremder Menschen auf der Bühne zu produzieren. Diese Abneigung kann das Lampenfieber fördern, eine Form von Nervosität, die so gut wie alle kognitiven und vegetativen Vorgänge zu stören in der Lage ist. Tatsächlich leidet jeder darunter – nur sehr unterschiedlich stark. Heftige Anfälle können Schweißausbrüche, spontanen Stimmverlust und sogar Sehstörungen auslösen. Es lässt nach, wenn man es einmal auf die Bühne geschafft hat, aber bis dahin ist es hart. Wirksame Gegenmittel sind dieselben wie bei der Schreibblockade: keine. Man muss es immer wieder aushalten. Leider. (Alkohol ist hier *wirklich* keine Lösung.)

Stimmstärke und Artikulation dagegen können und sollten trainiert werden. Es empfiehlt sich, dafür ein paar Tipps beim Profi einzuholen (Stimmcoaching kann man von der Steuer absetzen).

Nicht jeder glaubt es, aber: Das Mikrofon ist dein Freund! Die Stimme, die du hörst, wenn du reinsprichst, ist wirklich deine. Gewöhn dich dran, denn nur du findest sie doof. Die andern kennen sie nicht anders.

Da bei kleineren Veranstaltungen manchmal die Technik, aber kein Techniker da ist, empfiehlt es sich zudem, bei einem Musiker aus dem Bekanntenkreis den kleinen Kurs »Tontechnik für Dummies« zu belegen. Da kann man lernen, wie man einen Mikrofonständer aufbaut.

Ein Kabel führt vom Mikro zu einer kleineren Kiste mit Knöpfen. Von da führen Kabel weiter zu größeren Kisten mit Lautsprechern. Wirklich wichtig aber ist, dass am Mikrofonständer ALLE Schrauben FEST angezogen werden, NACHDEM man ihn in die richtige Position gebracht hat.

60 Lesungen II: Der Text
Form follows function

Über den Daumen gepeilt, benötigt man bei unaufgeregtem Tempo für den Vortrag von 1.000 Zeichen (mit Leerzeichen) knapp eine Minute – das sollte aber jeder für sich mal nachmessen. Da bei vorgelesenen Texten die Brutto-Aufmerksamkeitsspanne durchschnittlicher gesunder Mitteleuropäer bei maximal 45 Minuten liegt, ergibt das eine Zeichenzahl von 50.000 für die gesamte Lesung – allerhöchstens. Das sollte nicht ignoriert werden. Passiert aber immer wieder.

Entscheidend für die Gesamtwirkung der Lesung ist die Auswahl der Textstellen. Bei Krimilesungen geht es nicht in erster Linie um literarische Qualität. Es geht darum, die Spannung aus dem Krimi in den Saal zu transportieren. Das funktioniert, indem die Auszüge so gewählt werden, dass sie ihren eigenen Spannungsbogen tragen. Fast immer erfordert das eine teilweise Dekonstruktion des Gesamttextes, also Umbauarbeiten. Die Position eines Auszuges darf in der Lesung eine andere sein als im Buch.

Auch sollten die einzelnen Auszüge sorgfältig durchforstet werden nach Querbezügen und Informationen zu Stellen, die nicht vorgetragen werden. Oftmals schaden diese dem Spannungsbogen der Lesung. Tun sie das, kann und sollte man sie guten Gewissens streichen. Denn wichtig beim Vortrag ist nicht die Integrität der Originalgeschichte, sondern die Wirkung des Vortrags. In das Bauen einer Lesung kann, darf und sollte man deshalb ruhig ein paar Arbeitstage investieren.

Man darf die Zuhörer auch fordern. Sie wissen, dass sie nicht alle Informationen bekommen, und sind in aller Regel in der Lage, sich das Fehlende dazuzudenken. Und selbst falls nicht: Überforderte Zuhörer hören besser zu als gelangweilte.

Generell ist Lesungspublikum sowieso das langmütigste der Welt. Mancher Musiker oder Schauspieler würde gern vor so gnädigen Menschen auftreten, die ihren Unmut allerfrühestens am Signiertisch äußern, dann aber entschieden verklausuliert.

Lesungen wurden schon in Sesselliften veranstaltet und in Sportarenen. Die Zuschauerzahl variiert zwangsläufig. Sehr wichtig für Vortragende: Anwesende Zuschauer sind die Guten. Sie sind niemals verantwortlich für fehlende. Solange mehr Menschen im Saal sind als auf der Bühne, wird gelesen.

61 Liebesgeschichte
Ohne ist gut, mit ist einfacher

Ein Krimi ohne Liebesgeschichte ist ja eigentlich logisch. Es ist schließlich ein Krimi. Es geht um Kriminelles. Kriminelle Menschen tun kriminelle Dinge. Sie brechen die Regeln der Gesellschaft, worauf die Gesellschaft reagiert. Mit Verfolgung und Strafe antwortet die Gesellschaft auf Sünde und Schuld, das ist der Kern, die eigentliche Idee des Kriminalromans.

Ist es da nicht abwegig, die gewaltige immanente Kraft des Genres mit etwas so Fernliegendem wie einer Liebesgeschichte zu verwässern? Ohnehin sind vielen Experten Storys, in denen Personen kühlen Herzens durch die Handlung schreiten, die einzig vertretbare Form des Kriminalromans, an der sich alle anderen zu messen haben.

In Wahrheit aber dürfte die Quote der Krimis, die ganz ohne Liebesgeschichte auskommen, im Promillebereich liegen. In den allermeisten wird den Protagonisten (mindestens) eine romantische Verwirrung zugemutet. Diese Verwirrung erfreut nicht nur die Leser, zumindest die krimiliterarisch undogmatischen (davon gibt es entschieden mehr als dogmatische Experten). Sie bietet dem Autor zudem so viele Optionen, dass es aufwendig, vielleicht sogar unklug wäre, auf sie zu verzichten.

Denn auch ein Ermittler ohne emotionale Verwicklungen braucht handelnde Personen, damit er was zum Ermitteln hat, und eine verliebte Person ist da erzählerisch hilfreich, denn man kann sie leicht unter Handlungsdruck setzen. Liebe als Motiv für Aktion ist stets verfügbar und wird vom Publikum akzeptiert. Wenn Person A Person B eigentlich umlegen müsste, damit der Plot vorankommt, die Sache aber rational nicht so recht zu erklären ist, hilft zum Beispiel Eifersucht gern aus.

Und wenn der Held sich cool allen Avancen widersetzt, dann ja nur, weil die Option einer Lovestory im Kopf des Lesers vorausgesetzt wird.

Auf jeden Fall erlaubt ist, wenn er/sie im Laufe des Buches mit irgendwem in der Kiste landet, dogmatisch oder nicht.

Sherlock Holmes kommt in den meisten seiner Fälle weitestgehend ohne jede Romantik aus. Prompt wird weltweit und anhaltend über den wahren Kern seiner Beziehung zu Dr. Watson spekuliert.

62 Literaturagenten
Prozentrechnen müsste man können

Das Treiben von Literaturagenten kennt das deutsche Publikum am ehesten aus Hollywood-Streifen, in denen kaum ein Schriftsteller ohne einen auftaucht. Sie kümmern sich um alles und erzählen ihren Klienten, wie toll sie sind.

Außerhalb von Filmen und in Deutschland ist das nicht ganz so, aber es geht in die Richtung.

In Deutschland kann man als Krimischreiber ohne Agentur durchaus existieren. Eine zu haben erleichtert aber manches. Bei vielen gehört ein Vorlektorat zum Angebot, und in Verlagsverhandlungen haben sie eine andere, bisweilen bessere Position als Autoren. Das liegt nicht *nur* daran, dass sie das, was sie verkaufen müssen, nicht mit ihrem Herzblut genährt haben.

Autoren gelten Verlagen mitunter als Lieferanten, meist gern gesehen (wenn auch nicht immer). Als Verhandler dagegen sind sie oft lästig.

Verlage sehen sich Autoren gegenüber überdies als Ermöglicher ihrer Bücher. Dass ihnen ein gewisses Salär nicht verweigert werden kann, wird eben hingenommen. Auf darüber hinausgehende Forderungen wird auch mal bärbeißig reagiert. Das kann anders sein, wenn demselben Verlag dasselbe Buch mit denselben Forderungen von einer Agentur angeboten wird. Man redet unter Geschäftsleuten miteinander und verhandelt ergebnisoffen. Hat man also ein Projekt in der Pipeline und sucht einen Verlag dafür, ist eine Agentur zweifellos hilfreich. (An große Verlage braucht man sich ohne Agenten gar nicht erst zu wenden.)

Anders ist es, wenn man schon bei einem Verlag veröffentlicht hat und dort Interesse an weiterer Zusammenarbeit besteht. Ein neuer Vertrag beim alten Verlag wird auch mit Agentur nur in den allerseltensten Fällen die 15 bis 25 Prozent mehr einbringen, die man an die Agentur abtreten muss.

Und tut er das nicht, könnte man das rausgeschmissenes Geld nennen.

Betreut ein Agent zehn Autoren bei einem Satz von 15 Prozent, liegen seine Bruttoeinnahmen gut 75 Prozent über dem Durchschnitt dessen, was seine Klienten durch ihn einnehmen. Da kann er machen, was er will. Sogar gar nichts.

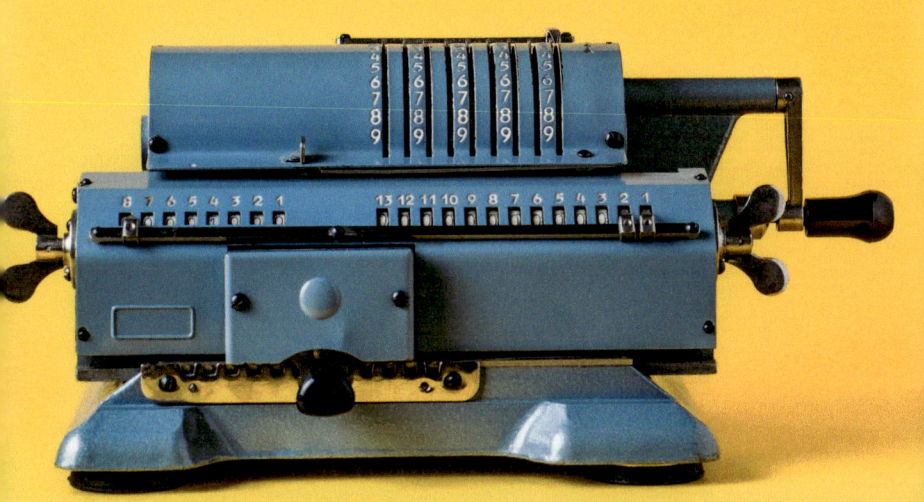

63 Mafia
Was ich nicht weiß ...

Die Zeiten, in denen man die Mafia – oder wie auch immer ihre Ableger sich nennen – vom gemütlichen Deutschland aus für ein Problem anderer Leute halten konnte, sind vorbei. Spätestens seit die Camorra mit Maschinenpistolen in meine Stammpizzeria hineingefeuert hat.

Na gut, es waren Fernsehgangster aus der »Gomorrha«-Serie, aber sie haben tatsächlich die Scheiben zerschossen. Und es war tatsächlich meine echte Stammpizzeria, wo seriöse Schauspieler und Literaturpreisträger verkehren, manchmal sogar Biolek. Und dass die Serie hier vor der Haustür spielt, darf beunruhigen – denn Autor Roberto Saviano weiß gemeinhin, wovon er schreibt.

Die Mafia expandiert und globalisiert sich rapide. Das Problem wird hierzulande allerdings noch nicht als so dringend wahrgenommen, wie die Fachleute es gern hätten.

Goldene Zeiten für Krimiautoren, sollte man meinen.

Echte Verbrechen. So richtige. Keine kleinlichen Giftanschläge wegen Erbstreitigkeiten, keine vorgetäuschten Unfälle aus Eifersucht, keine Rachemorde wegen überfahrener Katzen. Echtes Gemetzel. Automatische Waffen. In Säure aufgelöste Leichen. Drogen. Menschenhandel. Zwangsprostitution. Foltermorde. Und, im Wortsinne, *vor* allem: Korruption.

Woran liegt es, dass der deutsche Krimi sich des Themas bisher eher zögernd annimmt? Zum einen gewiss an der schlechten Sichtbarkeit des Phänomens. Ein Schutzgeld zahlender Geschäftsmann wird niemandem davon erzählen, schon gar nicht, an wen er zahlt, und Menschen, die mit Zwangsprostitution oder Drogenhandel in Kontakt geraten, sind in der Regel auch wenig redselig. Recherche ist hier nicht nur schwierig, sie kann echt lebensgefährlich werden.

Die Aufgabe, Gesellschaft und ihre Zustände zu spiegeln, wird der Kriminalliteratur nicht nur zugeschrieben, sie wird von den ernsthafteren ihrer Vertreter auch akzeptiert. Muss, sollte und darf sie aber nur Rückspiegel sein?

Weil die linke dieser Scheiben tapfer standhielt, als zwei Gangster die Magazine ihrer Maschinenpistolen auf sie leerten, musste der Dreh wiederholt werden – ärgerlicherweise an einem Abend, an dem der Autor dieses Buches einen Tisch reserviert hatte.

64_Mut
Muss man sich leisten wollen ...

Der Mut, mit dem Schreiben eines Krimis zu beginnen, ist leicht aufgebracht. Ihn aber fertigzubringen, vor der Tastatur hocken zu bleiben und das schier unfassbar weit entfernte Ziel namens ENDE tatsächlich zu erreichen, erfordert letztlich andere Arten von Mut. Den Mut, monatelange Arbeit zu investieren in ein Produkt, dessen weiteres Schicksal nicht in der eigenen Hand liegt; den Mut, sein Werk fremden Menschen anzudienen; den Mut, Absagen zu ertragen, und den, sich Öffentlichkeit und Kritik zu stellen.

Auch *im* Krimi ist Mut grundlegend und unverzichtbar. Jedes Verbrechen erfordert den Mut eines Täters, dessen Flucht- und Verteidigungsmaßnahmen dann den des Ermittlers. »Mutlos« möglich sind allenfalls Affekttaten und Whodunit-Auflösungen. Ohnehin ist es eine Kernaufgabe des Krimis, den Lesern mutige Figuren zur Identifikation anzubieten. Figuren, die tapfer etwas zu bewirken versuchen, stehen im Gegensatz zur alltäglichen menschlichen Lebenserfahrung. Denn in der Realität sind eben nicht Mut und Aufrichtigkeit das erfolgreiche Konzept, sondern Opportunismus, Feigheit und Hinterhältigkeit. Streben ein mutiger Aufrechter und ein feiges Arschloch dasselbe Ziel an, wird das Arschloch es als Erster erreichen. Zudem wird es länger leben. Und reicher sterben. Der Wunsch, diesen Widerspruch zwischen evolutionärer Auslese und zivilisatorischer Notwendigkeit aufgelöst zu sehen, ist die tiefste, die eigentliche Wurzel der Kriminalliteratur – denn um Helden genau *da*bei zu beobachten, werden Krimis überhaupt gelesen.

Es muss also eine Menge Mut für Grundlegendes aufgewendet werden. Liegt es daran, dass oft so wenig davon übrig bleibt für Themen, Figuren und Form? Autoren, die mutig kritische Themen aufgreifen, starke Charaktere zeichnen und außergewöhnlich und über Genregrenzen hinweg schreiben, braucht der deutsche Krimi unbedingt und dringend.

Trauen wir uns also was.

Mut war eine altägyptische Göttin, Gemahlin des Amun, Mutter des Mondgottes Chon und Herrscherin der neun Bogen, außerdem ein mallorquinischer Astronom des 17. Jahrhunderts. Noch immer ist Mut eine Stadt in der Provinz Mersin an der türkischen Südküste, in der man, wie es aussieht, durchaus mal einen historischen Krimi ansiedeln könnte.

65 Mystik
Wer's glaubt, wird gut unterhalten

Im Krimi ist der Einsatz von Aberglaube und Mystik aller Art ein Stilelement, dem mit Respekt zu begegnen ist. Generell ist durch unerklärliche Phänomene erzeugter Grusel ein hochwirksames Mittel zur Spannungserzeugung. Klar sein sollte man sich aber darüber, ob sie in der Geschichte wirklich unerklärlich bleiben werden.

Einen Ermittler herausfinden zu lassen, dass hinter auftretenden Spukgestalten in Wahrheit rational agierende böse Menschen stecken, wurde als Plot schon in den frühesten Whodunits erfolgreich eingesetzt. Während der Poltergeist im ersten Stock der Landvilla alle Welt ängstigt, im Besonderen hoffentlich die Leser, verliert der intellektuell überlegene Ermittler nie die Contenance und beweist den im Kaminzimmer versammelten Familienmitgliedern und Bediensteten schließlich, dass der Schwiegervater des künftigen Alleinerben den Butler bestochen hat, um mit Ächzen und Kettengerassel den alten Lord erfolgreich in den Herztod zu treiben. Nur mal so als Beispiel.

Schwieriger dagegen ist es, Unerklärliches tatsächlich ernst zu nehmen, also unerklärt zu lassen. Man kann natürlich einen Geisterjäger Geister jagen schicken oder einen Untoten Untote und das zur Not noch als Krimi etikettieren. Inwieweit aber ein rational agierendes Figurenensemble ernsthaft mystischen Faktoren ausgesetzt werden darf, ist eine diffizile Frage.

Leser eines klassisch angelegten Krimis erwarten Aufklärung, nicht nur die des Verbrechens, sondern auch als grundlegende Idee: Der rationale Verstand siegt über Aber- und Glaube. Unerklärliche Elemente wirken da als Störer. Platziert man sie aber am Rande der Story, etwa in einem Nebenstrang, während im Hauptstrang »normal« weiterermittelt wird, kann so ein Störer zur starken Waffe werden im Kampf gegen unsere alte →Todfeindin, die Langeweile.

Dabei allerdings macht, wie immer, die Dosis das Gift.

Also immer schön vorsichtig.

Von dem Black-Sabbath-Klassiker »Paranoid« existiert eine deutsche Version. Sie heißt »Der Hund von Baskerville«, gesungen von Cindy & Bert. Möchte man sich bei einer Kriminalgeschichte mal so richtig gruseln, ist das allererste Wahl.

66 __ Ort der Handlung
Woanders is' auch scheiße ...

Den literarischen und vertriebstechnischen Feinheiten und Fährnissen des Regionalkrimis ist die Seite 170 gewidmet. Hier soll es dagegen um die Bedeutung der Handlungsorte für das Setting gehen. Die ist immens und zu Beginn der Storyentwicklung nicht immer komplett überschaubar.

Spontan naheliegend und keinesfalls generell falsch beim Entwickeln einer Story ist, sie dort anzusiedeln, wo man sich auskennt. Schon weil das vorhandene Hintergrundwissen Recherche spart.

Man sollte sich aber darüber klar werden, ob man diesen bestimmten Ort für den Plot benötigt oder ausschließlich für die Atmosphäre. Braucht ihn der Plot, hat man ohnehin keine Wahl. Für die Atmosphäre aber muss man entscheiden, ob es wirklich Berlin sein muss oder Bad Säckingen nicht vielleicht besser wäre. Dass sehr viel mehr Leser ein Bild von Berlin im Kopf haben als von Bad Säckingen, kann Hindernis sein oder genutzt werden, auf jeden Fall ist es erzähltechnisch bedeutend.

Schon die Entscheidung zwischen Groß- und Kleinstadt beeinflusst die potenzielle dramatische Fallhöhe und -richtung einer Geschichte. Selbstverständlich können in einer Kleinstadt brutale Verbrechen glaubhaft angesiedelt werden, es erfordert aber andere Abläufe und Erklärungen als in der Großstadt. Warum haben die Nachbarn im Dorf nichts gehört, gesehen, gesagt, als Schüsse fielen? Ist es andererseits glaubhaft, dass ein Großstadtmensch nachgucken geht, nur weil er im Apartment nebenan was poltern hört?

Aufwendiger, als man annehmen sollte, ist es, Geschichten an fiktiven Orten spielen zu lassen. Die Schilderung einer komplett erfundenen Umgebung kann eine literarische Herausforderung sein. Logische Brüche oder Sinnlosigkeiten, wie sie in der Realität gang und gäbe sind, erfordern in der Fiktion mitunter umständliche Erklärungen. Jedenfalls wenn man es gut machen will. Und das wollen wir ja alle.

Und zwar verdammt gut.

Midsomer heißt die Grafschaft, in der Inspector Barnaby ermittelt. Es dürfte sich um die Gegend mit der höchsten Verbrechensquote pro Einwohner weltweit handeln. Gott sei Dank ist sie fiktiv und wird dargestellt durch Orte wie diesen in Oxford- oder Buckinghamshire.

67 _ Plagiat
Erwischen lassen verboten

David Bowie sagte einmal: »Zeig mir einen Musiker, der nicht stiehlt, und ich zeige dir einen Lügner.« Dieser Satz gilt aber nicht nur für Musik, sondern ist kunstformübergreifend gültig, wahrscheinlich auch in der Wissenschaft, ganz sicher in der Kriminalschriftstellerei. Stellen muss man die Frage nach dem Maßstab.

Schon bei den Plots wird es ja eng. Wege, eine dramatische Handlung in Gang zu setzen und zu halten, mögen zahlreich sein, keinesfalls aber sind sie zahllos. Definitiv gibt es weniger Plots als neu gedruckte Romane. In der Kriminalliteratur wird die Variationsmöglichkeit durch Genreregeln noch weiter eingeschränkt. Eine komplett neue Todesart oder ein noch nie geschildertes Verbrechen zu erfinden mag gelingen, es einzufordern aber wäre unbillig.

Zudem ist die Zahl der Geschichten, die man im Laufe seines Lebens in den verschiedenen Medien erzählt bekommt, zu gigantisch, um sie dauerhaft zuordnen oder sich merken zu können. So kann es vorkommen, dass eine Idee, die der Autor *wirklich* für seine eigene hält, aus einer »Kojak«-Folge stammt, die er in den 80ern mal unter dem Einfluss bewusstseinserweiternder Drogen gesehen hat.

Auch gibt es den Hommage genannten und absolut zulässigen respektvollen Ideenklau. Wenn beispielsweise Sherlock Holmes in einem Köln-Krimi ermittelt, ist das eine Verbeugung vor Sir Arthur Conan Doyle und selbstverständlich kein Plagiat. Auch wenn faktisch ein komplett entwickeltes Protagonistenpaar geklaut wurde.

Erstaunlicherweise werden im wahren Leben tatsächlich Manuskripte bei Verlagen eingereicht, die in Wahrheit Abschriften existierender Krimis sind. Es ist nicht klar zu sagen, was diese Autoren reitet, aber es kommt vor. Der betroffene Verlag kann dann von Glück sagen, wenn es ihm rechtzeitig auffällt. Nach Drucklegung ist es nicht nur peinlich – vor allem ist es ärgerlich und sehr teuer, ein Buch einzustampfen.

Da in Johnny Cashs »Folsom Prison Blues« ein Mann in Reno erschossen wird, erfüllt der Song durchaus Krimikriterien. Dass Cash ihn ziemlich dreist und teilweise wörtlich von Gordon Jenkins' »Crescent City Blues« abgekupfert hatte, kostete ihn dem Vernehmen nach 100.000 Dollar. Cash zahlte per Scheck.

68 Plot
Richtig wichtig oder nicht?

In der Erzählkunst wird unter Plot die Abfolge aufeinander aufbauender oder voneinander abhängender Ereignisse und Handlungen verstanden. Am Beginn steht eine grundlegende Situation oder Handlung, die Reaktionen hervorruft. Bleiben wir mal simpel: Zuerst wird die Leiche gefunden, dann kommt die Polizei und sucht den Täter. Der Täter versucht, unentdeckt zu bleiben. Als das nicht gelingt, flieht er. Die Polizei verfolgt ihn und kriegt ihn am Ende.

»Und fertig ist der Krimi«, sagt L., unsere alte → Todfeindin, mit hämischem Lachen.

Sie sollte sich nicht zu früh freuen. Die Komplexität eines Plots steht nur sehr indirekt im Verhältnis zu seinem Unterhaltungswert, und das Risiko zu langweilen ist bei einer komplizierten Handlung keineswegs niedriger als bei einer einfachen.

Im Angelsächsischen gibt es den schönen Begriff *plot-driven* für Geschichten, in denen immer neue Ereignisse immer neue Ereignisse auslösen. Das kann ausgesprochen rasant sein und ausgesprochen ermüdend und das sogar gleichzeitig, wenn zum Beispiel dabei der → Zufall überstrapaziert wird oder – noch gefährlicher – wenn über die Rasanz das Leserinteresse an den handelnden Personen abhandenkommt.

Die richtige Balance zwischen Handlungs- und Figurenentwicklung ist eine der zentralen Herausforderungen der Erzähltechnik. Ist der Plot das Gerüst der Geschichte oder *ist* er die Geschichte? Beides ist möglich und vertretbar, stellt allerdings unterschiedliche Anforderungen.

Ununterbrochen agierende Kampfroboter, Orks oder Naturkatastrophen etwa, aus denen ohne Weiteres vielseitige Epen geschmiedet werden können, würden das Krimigenre eher überfrachten als bereichern. Dagegen taugen ein paar herumsitzende Figuren, die schlaue Dinge sagen, ohne dabei aufzustehen, ohne Weiteres für Klassiker der Weltliteratur. Im Krimi dagegen täten sie sich ein wenig schwer.

Es gilt, irgendwo dazwischen zu landen.

Der Begriff »Plot« stammt ursprünglich aus der Seefahrt und bezeichnet die Darstellung von Schiffsposition und geplanter Route auf der Seekarte. Und ähnlich wie Seeleute sollten Krimiautoren wenigstens ungefähr wissen, von wo nach wo sie eigentlich unterwegs sind und welche Hindernisse sie zu erwarten haben.

69__Prämisse
Henne, Ei oder Ente?

Seit Aristoteles hält sich in unserer Kultur die Vorstellung, eine Geschichte brauche einen Anfang und ein Ende, dazu noch einen Mittelteil, idealerweise in der Mitte. Darüber wurde so viel nachgedacht, dass daraus die Wissenschaft der Erzähltheorie wurde. In der E. geht es sehr viel um Theorie und nicht ganz so viel ums Erzählen.

Lajos Egri, der, nun ja, *Erfinder* der »Prämisse«, war Gründer und Betreiber einer New Yorker Schreibschule. Sein Buch »Dramatisches Schreiben«, in dem er 1946 das Konstrukt der Prämisse einführte, ist ein Klassiker, auf dem bis heute viele Schulen des Creative Writing aufbauen.

Die Prämisse fasst zusammen, wie die Handlung einer Geschichte die Charaktere darin verwandelt. Beispiel: Eine Frau heiratet einen Mann, den sie nicht liebt, und wird dadurch zur Mörderin.

Egri stellte fest, dass jede Geschichte eine Prämisse unabdingbar benötigt, um zu funktionieren. Diese Erkenntnis wird für bahnbrechend gehalten.

Man könnte auch sagen, Egri hat festgestellt, dass man zum Eierkochen Wasser benötigt. Ohne Wasser – darüber muss man sich klar sein –, ohne Wasser *kann man kein Ei kochen*!

Und es spielt erzähltheoretisch eine gewichtige Rolle, ob man Wasser zum Kochen bringt, um darin ein Ei zu kochen, oder, im Gegenteil, kochendes Wasser vorfindet und dann das Ei hineintut. (Im Sonderfall kann man auch kochendes Wasser mit einem Ei darin vorfinden oder ein Ei ins kochende Wasser tun, ohne zu wissen, dass es dann hart wird.)

Anders, als Egri mit der Benennung impliziert, existiert eine Prämisse nicht zwangsläufig *vor* der Geschichte – und der Autor *muss* sie vor dem Schreiben nicht kennen. Er kann, aber er muss nicht. Absolut möglich ist, auf den Punkt hinzuarbeiten, an dem die Figuren sich entscheiden werden, wen sie wann wie warum umlegen – um dann die ein oder eine andere Prämisse erst zu erzeugen.

Das funktioniert. Man könnte es Conclusio nennen.

Vor dem Schreiben noch nie von einer Prämisse gehört hatten Edgar Allan Poe, Arthur Conan Doyle, Dorothy L. Sayers, Dashiell Hammett, Raymond Chandler, Karl May und Martin Schüller.

70 — Professionalität
Elfer oder Schwalbe?

Den Begriff »professionell« umgibt ein Tarnnetz aus Mehrdeutigkeit. Besonders im Bereich der Kreativwirtschaft führt das immer wieder zu grundlegenden Missverständnissen, gerade zwischen Anbietern und Nachfragern. Es sind ähnliche Probleme, wie es sie mit dem → Handwerkern gibt. Von Autorenseite sollte dem Begriff mit gesundem Misstrauen begegnet werden.

Professionell zu arbeiten bedeutet den einen, mit großem Fachwissen und dem Beherrschen moderner Techniken ein makelloses Produkt zu schaffen. So weit, so ehrenwert.

Anderen dagegen bedeutet professionell in erster Linie das Erreichen eines optimalen Verhältnisses zwischen Aufwand und Ertrag. Es geht um Geld.

Liefert der Krimischreiber also eine nach seinen Maßstäben professionelle Arbeit ab, wird diese wenige Fehler enthalten, und der krimischreibende Lieferant wird sich vorstellen, dass nun ein professionelles Lektorat aus seinem fast makellosen Werk ein makelloses macht und dieses mit einem wunderbaren Einband und Worttitel versehen unter größtmöglichem vertrieblichen Einsatz dem Buchhandel aufs Auge gedrückt wird.

Ohne Zweifel gibt es Verlage, die genau so vorgehen, und ihnen sei an dieser Stelle ausdrücklich gedankt. Ebenso aber gibt es Verlage, für die der professionelle Umgang mit einem fast makellosen Manuskript bedeutet, sich das Lektorat zu sparen, weil, ist gut genug, merkt eh keiner bei 'nem Krimi. Der Einband wird zügig durch die Grafikabteilung gejagt, und der Vertrieb macht *business as usual*.

Risikominimierung und -streuung, Kostenreduzierung, effektive Produktion. Ja, das *ist* professionell.

Ob es dagegen professionell ist, Monate sorgfältiger und kreativer Arbeit zu investieren, um als Autor aus dem Nichts ein Wirtschaftsgut zu erschaffen, dessen Ertrag für einen selbst absehbar und bestenfalls im niedrigen vierstelligen Bereich liegen wird – diese Frage muss sich jeder selber beantworten.

Auch im Sport ist die Diskrepanz zwischen erwarteter und tatsächlicher Professionalität erheblich. Vorgetäuschte Fouls oder systematisches Doping etwa widersprechen zwar dem sportlichen Ethos, der Ertrag aber wird vom Fan goutiert. Solange man sich nicht erwischen lässt.

71 Profiler
So oder so ähnlich

Der Profiler ist als Krimifigur ein Verwandter des Gerichtsmediziners und des Hackers. Das Wissen der Leser über ihn speist sich zum größten Teil aus, genau, Krimis. Er ist so eine Art selbsterfüllende Prophezeiung.

Tatsächlich nennt man Menschen mit dieser Tätigkeit bei der deutschen Polizei lieber Fallanalytiker, obwohl Profiler im Duden steht (wird trotzdem mit ei in der Mitte gesprochen). Sie betreiben bei den Landeskriminalämtern und dem BKA die sogenannte Operative Fallanalyse.

Die Anforderungen an den Berufszweig sind so vielfältig, unterschiedlich und wechselnd, dass man, um tatsächlich zu verstehen, was ein Profiler macht, eigentlich selbst einer sein müsste.

Schon die Fähigkeit zur Unterscheidung von Kriminalistik und Kriminologie kann beim Leser nicht als gegeben vorausgesetzt werden. Man müsste sie ihm also, wäre es für ihn interessant, irgendwie nahebringen. Vielleicht in einem Dialog zwischen dem hyperkompetenten Profiler und dem bodenständig-gutherzigen, aber ein bisschen begriffsstutzigen Kommissar.

Spätestens jetzt sollten sich Autoren die Frage beantworten, ob es *wirklich* interessant ist für den Leser – wir sind nämlich erst ganz am Anfang. Denn die beiden müssten auch noch über Kriminalätiologie und Kriminalphänomenologie reden. Viktimologie, Soziologie, Statistik, Psychologie, Psychiatrie, DNA-Analyse, Daktyloskopie und so weiter kämen noch dazu.

Kann man machen. Kann man aber auch weglassen. Oft jedenfalls. Manche sagen: meistens.

Die seit dem »Schweigen der Lämmer« weitverbreitete Annahme, zum Profiler werde man in jungen Jahren durch einen zwar harten, aber machbaren Fortbildungslehrgang, entspricht auch eher nicht der Realität, kann im Krimi aber ohne Weiteres als Fakt behandelt werden.

Ein realistischer, exakt recherchierter Profiler-Krimi würde vermutlich leichtes Opfer unserer alten → Todfeindin, der Langeweile.

Profiler wie dieser werden bei Deichbau und Küstenertüchtigung eingesetzt, wo sie im strandnahen Bereich den Meeresboden vermessen. Andere sind Programmierwerkzeuge zur Analyse von Softwarelaufzeitverhalten und Scheinwerfer mit Doppellinsensystemen.

72 — Pseudonym
Wer bin ich, und wenn nicht, wer doch

Zur Verteidigung der persönlichen Sicherheit gegen die organisierte Sicherheit ist für deutschsprachige Autoren ein Pseudonym zurzeit nicht zwingend notwendig. Das war schon anders, könnte wieder anders werden und ist woanders anders.

Insider aus Firmen oder Behörden, die aus beruflichen Erfahrungen Krimis destillieren, nutzen Pseudonyme dagegen gern, um ihre Karrieren nicht zu gefährden (was respektabel, aber etwas anderes ist, als nicht ins Gefängnis zu wollen).

Hat man sich als Autor bereits einen Namen gemacht, ist ein Pseudonym hilfreich, wenn man Stil oder Genre mal wechseln möchte, ohne den Buchhandel vor Probleme zu stellen (→ Schublade). So kann man den einen Namen mit einer Krimireihe verbinden, einen anderen mit Sachbüchern, den dritten mit Erotik und das jeweilige Pseudonym als Etikett nutzen.

Auch kann ein echter Name als unpassend empfunden werden, sei es vom Autor selbst, vom Verlag oder vom Publikum. Beispielsweise sei die Frage erlaubt, ob etwa Detlev Sanftmut als Autorenname auf einem Splatter-Krimi verkaufsfördernd rüberkäme. Die Auswahl des neuen Namens kann dann zur kreativen Freude werden, solange man keinen Pseudonym-Generator benutzt (gibt's im Netz).

Entscheiden muss man sich zwischen offenem und geschlossenem Pseudonym. Für offene gibt es prominente Beispiele, im Krimi etwa Richard Stark alias Donald E. Westlake.

Wagt man aus Schüchternheit oder welchen Gründen auch immer nicht, in der Öffentlichkeit für sein Werk einzustehen, ist das Benutzen eines geschlossenen Pseudonyms anzuraten. (Wenn es *wirklich* geschlossen bleiben soll, braucht man ein Postfach oder eine Deckadresse, damit der Verlag den Vertrag schicken kann. Und den Scheck.) Wenn das dann gut läuft, kann es einem gehen wie dem Franzosen Roman Kacew, der als Romain Gary den Prix Goncourt gewann. Und als Émile Ajar noch mal.

Zum Abholen soll er einen Neffen geschickt haben.

An der Ehrenhaftigkeit des Pseudonyms nagt seit einiger Zeit sein Missbrauch im Internet, wo es jedem feigen Troll erlaubt, in den Sturm zu scheißen, ohne dabei mehr als sein Arschloch zeigen zu müssen. Das wird man ja wohl noch sagen dürfen.

73 Rauchen
Riecht ja keiner

Während bis in die 50er jeder, in den 70ern fast jeder und in den 90ern die meisten rauchten, sind Raucher heute in die Minderheit geraten – allen leidenschaftlichen Verteidigungsbemühungen zahlloser Kulturschaffender zum Trotz. Und obwohl in Büchern und Filmen stets hemmungsloser gequarzt wurde als in der Realität, befindet sich auch hier die Einstellung des Publikums im Wandel.

Generell hat das Image körperlicher Abhängigkeit von stark wirksamen Nervengiften gelitten. Erfreulicherweise muss und soll das hier nicht gewertet werden. Das spür- und messbare Faktum aber hat erzähltechnische Auswirkungen.

Das Ablehnen einer angebotenen Zigarette etwa war lange Zeit ein starkes erzählerisches Signal, das angespannte Atmosphäre signalisieren konnte oder auch Figuren charakterisieren, sei es als Zicke, Gesundheitsapostel oder Mauerblümchen – tendenziell jedenfalls eher negativ.

Dagegen war das Signal, das eine Zigarette im Mundwinkel eines (gern Hut tragenden) Detektivs aussandte, uneingeschränkt männlich – und ebenso uneingeschränkt positiv. (Sehr oft vermischte sich das unkontrolliert.)

In einer heute spielenden Geschichte wird beides so nicht mehr funktionieren. So nicht, dafür anders. Die Bedeutung hat sich gewandelt, man könnte sagen, gedreht. Aber sie ist immer noch da. Lässt man eine Figur heute in Gegenwart einer anderen eine Zigarette anzünden, kann das ähnlich starke erzählerische Wirkung erzielen wie früher die Ablehnung einer angebotenen Fluppe. Der simple Vorgang wird zur Machtfrage. Erlaubt diese Figur jener das Rauchen oder maßt jene sich es an? Macht ihre Frechheit sie sympathisch oder haben wir Mitleid? Wie auch immer: Es ist nicht egal.

Für Erzähler sind die Auswirkungen des Nichtraucherschutzes letztlich eher positiv zu bewerten. Sogar für die Raucher unter ihnen.

Brennende Zigaretten sind eine der größten Fehlerquellen im Bereich →Continuity. Ihre schrumpfende Länge mit dem Zeitablauf der Szene zu koordinieren ist eine Herausforderung. Der Siegeszug der E-Zigarette dürfte hier aber manches erleichtern.

74 Reale Vorbilder
Freud hätte Spaß dran

Literarische Figuren sind häufig aus Charakterzügen, Handlungsweisen und Äußerlichkeiten zusammengesetzt, die dem Erzähler schon mal begegnet sind – sei es in anderleuts Erzählungen oder auch realiter. In den meisten Fällen dürfte das unbewusst und spontan geschehen, nicht selten aber passiert es auch gezielt. Das kann durchaus Spaß machen. Gerade im Krimi.

Man verpasst dem Arschloch von nebenan einen fiesen, gern auch sprechenden Namen und kann ihm dann so richtig eins aufs Maul geben; oder die doofe Nuss vom Bauamt umlegen, und zwar auf die miese Tour. Allerdings sollte man sich bewusst machen, dass es Reaktionen hervorruft, wenn Menschen sich in Büchern wiedererkennen. Gerade bei der doofen Nuss vom Amt kann das unangenehm werden, und wenn das Arschloch von nebenan meint, sich wiederzuerkennen, sind die juristischen Folgen schnell mal unwägbar.

Aber auch von Autoren angebetete Personen werden gern auf Sockel gestellt, auf dass auch die Leser sie anbeten mögen. Solange das geliebte Menschen oder verstorbene Prominente sind, kann das gut gehen. Von lebenden Prominenten und Ex-Partnern sei allerdings dringend abgeraten.

Leider nicht so selten, wie man hoffen würde, sind Fälle von Idiolatrie, in denen die angebetete Person mit der des Schreibenden identisch ist. Selbstverständlich ist es in Ordnung, sich mit seinen Heldenfiguren zu identifizieren – die Leser sollen es schließlich auch tun, genau dafür erfinden wir sie ja heldenhaft. Und je nach Selbstbewusstsein und im Warmen an der Tastatur sitzend mag sich mancher zutrauen, anstelle des Helden das unschuldige Opfer aus dem eisigen See zu retten.

Wenn man aber auf seinen Autorenfotos immer einen besonderen Hut trägt, dann sollte der Held das nach aller Möglichkeit nicht auch tun. Zu den wenigen Dingen, die für Leser schlimmer sind als Langeweile, zählt nämlich das Fremdschämen.

The King of Rock'n'Roll war nach seinem Ableben (doch, er ist tatsächlich tot, sagen manche) Protagonist in etlichen Spielfilmen, aber auch in Kriminalromanen, darunter einem, der zu seiner Zeit als G.I. im beschaulichen Bad Nauheim spielt.

75 _ Realismus
Gibt's doch gar nicht ...

Erhebt ein Krimi den Anspruch auf Realismus, so impliziert das Recherche und Relevanz – sei es sozial, politisch, historisch oder wissenschaftlich (um nur einige zu nennen).

Realismus aber ist, wie so vieles beim Krimischreiben, kein Wert an sich. Vielmehr ist er, wie bei jeder erfundenen Geschichte, zunächst mal hinderlich. Und um *erfundene* Geschichten geht es, auch bei realistischen Krimis. (Klingt banal, sollte aber hin und wieder mal ins Gedächtnis gerufen werden.)

Der größte Gegner des Realismus im Krimi ist: die Realität. Nicht, weil sie dazu neigt, aus verschiedenen Perspektiven unterschiedlich auszusehen – wenngleich auch das beim Schreiben gern mal übersehen wird. Vielmehr hat die um kriminelle Geschehnisse herum zu beobachtende Realität häufig Eigenschaften, die wesentlichen Ansprüchen einer Krimigeschichte zuwiderlaufen.

So ist sie, was die Ermittlerebene angeht, in den allermeisten Fällen von erschütternder Ödnis. Polizisten befragen Dutzende Zeugen, von denen keiner was mitgekriegt hat. Dann schreiben sie einen Bericht. Ende der Schicht. Privatdetektive sitzen im Auto, und tagelang kommt keiner aus dem Haus, gern auch im Winter. (Als die für ihren Beruf wichtigste Erfindung gilt unter Privatdetektiven übrigens die Standheizung.)

Neben der Ödnis, Lieblingsnahrung unserer → Todfeindin L., enthält kriminelle Realität aber auch gern hohe Dosen hirnerweichenden Schwachsinns, vor allem auf der Täterseite (wenn auch nicht *nur* dort; → Dummheit). Beispiele finden sich regelmäßig in der Rubrik »Aus aller Welt«: vor dem Safe eingeschlafene Einbrecher; Diebe, deren Fluchtmofa der Sprit ausgeht, oder Damen, die einen Gattenmord schriftlich in Auftrag geben und den Vertrag dazu daheim in der Schublade aufbewahren.

Das ist bestenfalls lustig, meistens irre, in erster Linie aber: unglaublich. Und unglaublich darf eine realistische Krimistory nicht sein.

Nur unglaublich gut.

Realität neigt dazu, Fragen offenzulassen. Bis heute ungeklärt ist, aus welchem Anlass diese vier leeren Gebisshaftcremetubenkartons einsam und allein mitten in einem Kölner Waldgebiet abgelegt wurden. Erklärungsversuche werden interessiert entgegengenommen.

76 Recherche I: Setting

Seit wann ist denn hier ein Kreisverkehr?

Jeder Krimi spielt irgendwo. Die allermeisten Krimis tun das an real existierenden Orten. Die sich daraus ergebende realistische Anmutung dürfte Teil des Erfolgsrezepts des Genres sein. Man sollte sich an solchen Orten ein bisschen auskennen. Und da Bequemlichkeit eine zutiefst menschliche Eigenschaft ist, zu der auch Krimiautoren neigen, werden sie ihre Geschichten vorzugsweise dort ansiedeln, wo sie bereits → Hintergrundwissen gesammelt haben.

Der Stand des Hintergrundwissens aber muss vor Anwendung kritisch überprüft werden. Es neigt dazu, unbemerkt zu veralten, was gleichzeitig Lücken hineinreißt. Und noch mehr als beim Nichtwissen lauert beim veraltenden Wissen das immanente Problem, dass man es gar nicht so leicht bemerkt. Erkanntes Nichtwissen kann kaschiert werden, etwa durch erzählerisches Umschiffen der jeweiligen Untiefen (vulgo: Weglassen). Bei veraltetem Wissen ist das meist komplizierter.

Für jeden Fehler gibt es Leser, die ihn bemerken. Ein kleiner Patzer mag angehen, aber wenn er wiederholt wird, kann es kostspielig werden.

Denn die Möglichkeiten des Internets, sosehr sie die Recherche erleichtern, sind zweischneidig. So schnell man Unsinn behauptet hat, so schnell ist man dabei erwischt. Und genauso schnell ist es weitererzählt, mitunter an sehr, sehr viele Leute. So was drückt gern mal auf die Verkaufszahlen.

Schon weil man im Netz argumentativ rasch in die Defensive gerät, gilt es, nach Möglichkeit keine Angriffspunkte zu bieten. Bestenfalls kann man das aber leider nur versuchen.

Unbedingte Sorgfalt ist auf jeden Fall angebracht bei jeder nachprüfbaren Aussage – also bei allen Arten von Namen und bei Beschreibungen realer Orte oder Gegenstände. Tauchen gar reale Personen auf, tot oder lebendig, ist allerhöchste Umsicht geboten. Denn bei einem Sachfehler ertappt zu werden mag peinlich sein. Eine Persönlichkeitsrechtsverletzung wird richtig teuer.

Andreas Gryphius hatte recht: »Was dieser heute baut, reißt jener morgen ein …« Bei exakter zeitlicher und räumlicher Verortung einer Story kann es schnell mal heikel werden, was den städtebaulichen Zustand des Handlungsortes angeht.

77 Recherche II: Hintergrund
Sprungbrett, Stolperfalle, Holzweg

Leider gibt es die Autoren, denen wirklich jeder Aspekt ihrer Story bereits geläufig ist, nur theoretisch. Deshalb steht auf dem Weg vom Entwerfen zum Schreiben stets die Recherche.

»Fleißig zu recherchieren« gilt als Tugend, aber es braucht mehr als Fleiß. Tatsächlich braucht man dazu Talent.

Es wird leicht übersehen, dass das Recherchieren Teil des künstlerischen Vorgangs ist; zugleich wird manchmal vergessen, dass Recherche im Krimi viel ist, aber bei Weitem nicht alles. Selbstverständlich ist es nützlich, den Umgang mit Bibliotheken gelernt zu haben. Journalistische Erfahrung hilft im Umgang mit menschlichen Quellen. Letztlich ausschlaggebend aber ist die Freude, die man dabei empfindet.

Enthusiastische Rechercheure schaffen gigantische Settings oder ganze Welten, und alles aufgrund nachprüfbarer Fakten – das kann begeistern und zu riesigem Erfolg führen. Aber wie überall und immer kann auch hier die Dosis zu Gift werden.

Schon bei weniger komplexen Recherchen entsteht schnell ein erheblicher Überschuss an Informationen. Überschuss heißt zu viel. Und zu viel muss man weglassen. Wenn man, sagen wir, bei harter Recherche zwölf Sorten Malt Whisky probiert hat, dann muss der Held die *nicht alle* trinken. Zwölf Glas dürfen es von mir aus sein, aber nur von einer, nämlich der *richtigen* Sorte. Genau der einen, die zum Charakter der trinkenden Figur passt. Auch wenn sie alle wahnsinnig gut geschmeckt haben.

Kathedralen zu bauen, Pharmakartelle zu enttarnen oder feinsinnige Betrachtungen über die Aromen seltener südostfranzösischer Weißweine anzustellen ist nicht per se spannend. Die Gefahren sind ähnlich denen beim Hintergrundwissen. Zu viele Details und Zusammenhänge gefährden die Story.

Daher ein Trost für die unter uns, denen Recherche wenig oder gar keinen Spaß macht:

Gut erfunden ist besser als zu viel recherchiert.

Irgendeine Form von Wissen über das, was man schreibt, empfiehlt sich generell, wenn ein Text veröffentlicht werden soll. Sonst kann es schnell peinlich werden. (Das ist aber nur eine Meinung. Von manchen Kritikern wird sie gern mal widerlegt.)

78_Redundanzen
Mein Vater, mein Vater, jetzt fasst er mich an

Der Begriff stammt ab vom lateinischen *redundare*, was zu Deutsch in etwa *überlaufen* bedeutet. Redundanzen werden in Technik und Kommunikationswissenschaften, aber auch in der Sprache verwendet. Sie stehen für Überzähliges, nicht unabdingbar Notwendiges.

Redundanzen sind erst mal nichts Schlechtes. Ehrlich nicht. Ein fünftes Rad im Wagen, das immer nur im Weg war, kann sich knallpeng in etwas sehr, sehr Wertvolles verwandeln; genau wie eine weitere Stromleitung von hier nach dort oder ein zweiter Handymast in der Nähe oder eine zweite Flasche Weißwein im Kühlschrank. Redundanzen machen Dinge, Vorgänge und Verständigung sicherer und manchmal auch besser. Oft merkt man gar nicht, dass sie da sind. Zm Bspl knn mn Vkl wglssn nd zr Nt nch vrstndn wrdn. Aber natürlich wird sie niemand tatsächlich weglassen wollen.

Rhetorische Figuren wie die oben beispielhaft zitierte Geminatio, die Herr Goethe im »Erlkönig« nutzte, oder ein Pleonasmus wie im Kapitel Hauptfigur machen Redundanzen sogar künstlerisch nutzbar. Aber sie, die Redundanz, also das Überzählige, die Häufung, die unnötige Betonung, die grundlose Wiederholung et cetera et cetera, ja, auch sie, die uns doch eigentlich Hilfe sein sollte und Unterstützung, auch sie kann sich gegen uns und unser Bemühen wenden, nur um ihr am Ende zur Nahrung zu dienen, unserer alten →Todfeindin: der Langeweile.

Wenn etwa der Killer im Dialog sagt: »Ich werde in die Hauptstadt fahren«, sollten wir also gut überlegen, ob wir das noch einmal erwähnen müssen. Passiert auf der Fahrt etwas, das für den Fortgang der Geschichte von Belang ist? Ist der Abstand zwischen Erwähnung und Schilderung im Text zu lang? Fehlen dem Leser Informationen rund um das Ereignis? Wenn diese Fragen alle mit »Nein« beantwortet werden, gibt es keinen Grund, es noch mal zu erzählen. Es reicht, wenn wir wieder bei ihm sind, wenn er in der Hauptstadt jemanden umlegt.

Eine Kommunikation lässt sich durch redundante Informationen fehlertolerant über einen Informationskanal durchführen, da unter Umständen verloren gegangene oder verfälschte Teilinformationen vom Empfänger aus ihrem Kontext rekonstruiert werden können. Ein Maß für die Fehlertoleranz ist die Hamming-Distanz.

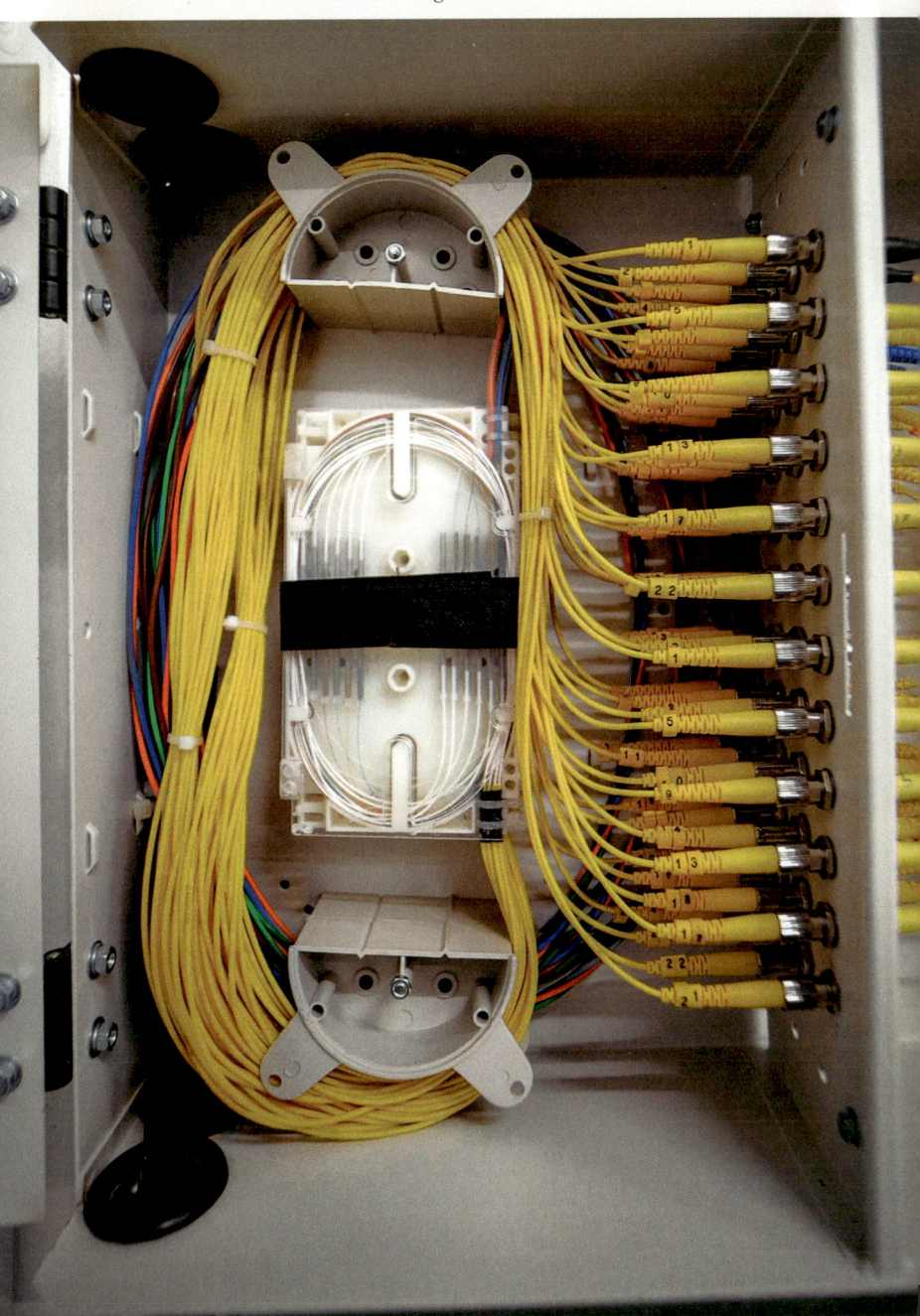

79_Regeln
Dazu da, gebrochen zu werden

Wie im gesamten Kreativbereich herrscht auch im Sektor Krimi eine große Nachfrage nach Regeln. Wer nun einwendet, »Regeln« und »kreativ« seien so etwas wie Antagonismen, hat recht.

Benötigt werden Regeln auch nicht von den Kreativen, sondern von denen, die verantwortlich dafür sind, deren Erzeugnisse in den Markt zu drücken. Der Markt erzeugt Gegendruck, indem er dieses annimmt und jenes ablehnt. Damit muss umgegangen werden.

Diffizil wird das dadurch, dass dieser Druck einerseits punktuell, gleichzeitig aber auch diffus wirkt. Anders gesagt: Der Druck existiert ohne Frage, wohin er aber drückt, ist unklar. (Noch viel diffiziler und unklarer ist, wohin er in Zukunft drücken wird, was für das extrem langsame Medium Buch besonders lästig ist.)

Im Fall Krimi ist das Einlassventil für diesen Druck der Buchhandel. Dieser gibt dem zuvor unkonkreten Druck eine Richtung und lenkt ihn zurück in die Verwertungspipeline, über Verlagsvertreter und Vertrieb hin zum Lektorat und den Agenturen. Diese Druckweiterleitung nötigt die in der Pipeline arbeitenden Menschen, sich untereinander auf Regeln zu einigen, von denen sie dann gemeinsam annehmen, dass ihre Einhaltung den kommerziellen Erfolg eines kreativen Produkts wahrscheinlich macht. Und an diese Regeln werden diese Menschen sich halten. (Das kann so weit führen, dass, weil in einem angekündigten Film nur ein Junge, aber kein Mädchen mitspielt, das Aktien-Rating der Filmfirma herabgestuft wird. So geschehen beim Disney-Film »Oben«.)

Benötigt werden nun Kreative, die diese Regeln auch einhalten, denn nur dann ist den verantwortlichen Nichtkreativen in keinem Fall ein Vorwurf zu machen. Hat man damit dann Erfolg, werden die Regeln gefeiert und allen Kreativen apodiktisch zum vorauseilenden Gehorsam hingehalten. Hat man keinen Erfolg, wird nicht mehr drüber geredet.

»Oben« hat später das Fünffache seines Budgets eingespielt.

1. Langweile nicht
2. Schreibe nichts, wenn du nicht musst
3. Respektiere deine Figuren
4. Respektiere deine Leser
5. Interessiere dich
6. Höre zu
7. Denke nach
8. Pass auf
9. Lüge gut
10. Hab keine Angst
11. Trink nicht so viel durcheinander

Sollten diese kleinen Hinweise beim Schreiben von Kriminalliteratur gelegentlich berücksichtigt werden, würde das höchstwahrscheinlich wenig Schaden anrichten.

80 Regionalkrimi
Von Nachtigallen und Eulen

Und es begab sich im Jahre des Herren 1984, dass im Heiligen Köln der junge, talentierte Verleger Hermann-Josef Emons erleuchtet … pardon … eine einleuchtende Idee hatte. Die Erkenntnis, dass jeder Krimi irgendwo spielen muss, kombinierte er mit der Tatsache, dass Köln die großartigste Stadt der Welt ist (damals stimmte das sogar beinah noch). Und – sehet! – der Regionalkrimi ward uns geboren. Christoph Gottwalds Hardboiled »Tödlicher Klüngel« trug als erstes Buch den Reihentitel »Köln Krimi« auf dem Cover.

Selbstverständlich hatte es bereits weit vorher regional verortete Kriminalromanreihen gegeben. Es hatte aber eben *nicht vorn draufgestanden.*

Denn der Regionalkrimi ist keine literarische Gattung. Er ist ein Vertriebskonzept. Eines, dem von Anfang an der Erfolg recht gab – und zwar laut und deutlich.

Die Leser waren aus dem Häuschen. Ein Krimi, der wo spielt, wo ich mich auskenn. Boah, kuck ma, dat ist doch dat Büdchen, wo ich immer Z'aretten hol. Tolles Buch.

An dieser Stelle begannen sich erste Missverständnisse einzuschleichen. Dass Regionalität ein Kriterium in einem Regionalkrimi ist, darf nicht verwundern. Problematisch wird es, wenn sie das einzige ist. Als der Erfolg mehr und mehr Nachahmer nach Köln lockte, trat Emons, wiederum sehr erfolgreich, die Flucht nach vorn beziehungsweise in die Breite an. Mittlerweile sind 75 Städte und Regionen Namensgeber für Krimireihen, und dass auch dort wieder Nachahmer auftauchen, führt zu einer steigenden Zahl Krimis, denen es, sagen wir, an Dringlichkeit fehlt.

Es ist ja auch verlockend leicht, sich in Weg- und Gastronomiebeschreibungen, Anekdoten und Namedropping zu ergehen. Das füllt schnell Seite um Seite, und irgendein Verbrechen fällt einem schon noch ein, das irgendwer irgendwie aufklärt.

Deshalb noch mal ein Blick auf das Cover. Da steht Regional-KRIMI. Das ist wichtig. Gebt euch Mühe.

DER LETZTE SPARGEL	ALEXA RUDOLPH
DER PATE VOM CHIEMSEE	HEINZ VON WILK
GRADO IM NEBEL	ANDREA NAGELE
DIE AKTE MARX	STEPHAN BRAKENSIEK
BRANDENBURGER GOLD	CARLA MARIA HEINZE

2014 erhielt Hejo Emons den »Ehrenglauser« des »Syndikats«. Köln-Krimi-Autor Frank Schätzing vermutete in seiner Laudatio, dass mittlerweile Orte gegründet werden, damit Regionalkrimis dort spielen können. Manche glauben, er hat recht. Hejo Emons beschäftigte sich unterdessen mit anderem und erfand die 111er-Reihe.

GALGENFUHR	FRANZ-JOSEF KÖRNER
HOCH AM WIND	HANNES NYGAARD
TÖDLICHER KLÜNGEL	CHRISTOPH GOTTWALD
BADISCHER TOTENTANZ	EVA KLINGLER
INSPECTOR BRADFORD UND DER FIESE FRIESE	M. GRIFFITHS-KARGER
DER KÖNIG VON WIEDIKON	MIKE MATEESCU
KRAUT UND RÜBCHEN	ELKE PISTOR

81 Rhythmus, Dynamik, Tempo

Musik, zwei, drei, vier

Das Wort Rhythmus assoziiert man spontan meist mit Musik, aber das allein wird ihm nicht gerecht. Denn ein Rhythmus entsteht zwangsläufig, sobald zwei aufeinander bezogene Ereignisse in zeitlicher Abfolge geschehen. Herzschlag hat einen Rhythmus, Sonne, Mond und Sterne haben, Ebbe und Flut, die Arbeit, Autobahnbaustellen und die Staffeln von »Sherlock«. Wenn ein Vulkan im Abstand von 100.000 Jahren ausbricht, ist das ein Rhythmus.

Auch Erzählen erzeugt Rhythmen, und zwar gleich mehrere. Unten pumpen mächtig die Beats der Spannungsbögen, darüber hinweg flackern die Mikrorhythmen der Sprache in Wortwahl und Satzbau.

Es ist also unvermeidbar, Rhythmus ist immer da. Die Frage ist, ob und wie man ihn kontrolliert bekommt.

Relativ einfach ist das beim Sprachrhythmus. Man spreche sich die Sätze laut vor. Hakt der Rhythmus, streiche, ersetze oder ergänze man Worte mit entsprechender Silbenzahl. Das kann Wunder wirken. Auch wenn nicht viele Leser den Unterschied bemerken werden, es wird die Anmutung des Textes beeinflussen (→ Sprache). Denn ein holpernder Rhythmus ist auch einer – aber einer, der nicht mitreißt.

Ebenso sollte man die Rhythmen der Erzähl- und Spannungsbögen unter Kontrolle halten. Die Abstände zwischen Perspektiv- oder Erzählstrangwechseln erzeugen einen Beat, dessen Beschleunigung und Verlangsamung die Atmosphäre eines Buches wirksam beeinflussen.

Der Begriff Dynamik bezeichnet Unterschiede und Wechsel in der Lautstärke. Auch sie ist stets wirksam, selbst wenn ihr Wert null ist. Ständiges, durchgehendes Getöse mag eine Menge Energie erzeugen, aber ohne Vergleichswerte verpufft sie.

Ebenfalls zwingend vorhanden ist das Erzähltempo. Wie Dynamik und Rhythmus ist es jederzeit frei wählbar. Aber aufgepasst: Wird es verändert, erzeugt das wieder einen Rhythmus.

Get into the groove …

Klatscht ein deutsches Publikum zur Musik mit, wird es das immer auf den ersten und dritten Schlag des Taktes tun. Genauso zuverlässig werden beim selben Lied Amerikaner auf zwei und vier klatschen. Das Ergebnis demonstriert die Macht des Rhythmus: Das eine erzeugt Marschmusik, das andere Swing.

82 — Schreibblockade

*Dauer: zwischen 40 Minuten und 40 Jahren,
wirksame Gegenmittel: unbekannt*

In dem Film »Wonderboys« spielt Michael Douglas einen Autor, der nach 2.500 Seiten keine Ahnung hat, wie er zum Schluss kommen soll. So hat jeder sein Päckchen zu tragen.

83 _ Schreibtisch
Heimat ist da, wo ich mich wohlfühle ...

Eigentlich braucht man ja nur einen Platz, an dem man seinen Laptop aufklappen kann. Unter Oldschool-Autoren kam und kommt es vor, dass sie Tischchen in wechselnden Cafés oder Bistros einem fixen Arbeitsplatz vorziehen. Vermutlich gibt es auch Kollegen, die in der U-Bahn zwischen Hansaring und Barbarossaplatz ihren Krimi ins Smartphone diktieren, wo Siri und ihre Kolleginnen dann Korrektur lesen, den Plot der Marktnachfrage anpassen und ihn direkt bei Amazon einstellen.

Wenn man dann am Chlodwigplatz aussteigt, ist schon die erste Fünf-Sterne-Bewertung da. (Aber das ist, wie gesagt, nur eine Vermutung.)

Doch die Mehrheit der Krimiarbeiter sitzt nach wie vor am Schreibtisch. Ob der im stillen Kämmerlein steht oder am Fenster zur belebten Straße, unterliegt persönlichen Vorlieben, und diese können und dürfen auch mal wechseln.

Der Schreibtisch muss auch nicht daheim stehen. Ein anerkanntes Mittel zur Steigerung der → Selbstdisziplin ist das Schreiben in einem ausschließlich der Arbeit dienenden Raum außerhalb der Wohnung, vulgo: Büro. Kann man machen; die so erzeugte Produktivitätssteigerung sollte dann aber stark genug sein, die anfallenden Mietmehrkosten wieder einzuspielen.

Für den perfekten Schreibtisch gibt es einen ultimativen Maßstab: das eigene Wohlfühlen.

Und hier lauert der Haken: Wie alle Menschen neigen auch Krimiautoren dazu, die Begriffe Wohlfühlen und Veränderung als Gegensatzpaar zu begreifen, zumindest unbewusst. Spätestens aber wenn man mit einem leichten Ziehen in den Lendenwirbeln vor seinem mit Nikotinpatina überzogenen Bildschirm hockt, der Bürostuhl leise quietscht und die Komma-Taste mal wieder hängt, sollte man einmal in sich gehen und sich fragen, was davon beim Denken, Ausdenken und Schreiben inspirierend ist oder hilfreich. Und was hinderlich.

Ein oft vernachlässigter Parameter, der beim Langstreckenschreiben sehr unangenehm werden kann, ist die Schreibtischkante. Generell gilt: Rund gefällt den Unterarmen besser als eckig.

84 Schublade
Schnell rein, und dann …

Die Schublade spielt im Autorenleben mehrere, zum Teil wichtige Rollen. Zu vernachlässigen ist die der Schublade an sich, in der man Druckerpapier oder Lesebrille lagert. Die metaphorischen Schubladen dagegen haben es in sich.

Da ist zum einen die, für die man gelegentlich schreibt. (Ein überholtes Bild, heute schreibt man natürlich für die Cloud, was es nicht besser macht.) Man schreibt, und das Geschriebene wird eingelagert, unerreichbar für die Öffentlichkeit. Dafür kann es sehr unterschiedliche Gründe geben – sei es, dass die Idee nur für einen Einstieg gereicht hat oder, schlimmer, nur bis kurz vor den Schluss; sei es, dass einem etwas aus der Feder geflossen ist, das hinterher niemand haben wollte; besonders schlimm: bestellte Texte, die nicht abgenommen wurden; bestenfalls: Sachen, die so gut sind, dass wir das Publikum damit nicht überfordern wollen. Wie auch immer, erfreulich ist es nie.

Es gibt aber noch eine andere Schublade, deren Bedeutung gerade von Krimiautoren nicht unterschätzt werden darf. (Auch hier ist das Bild zunächst schief, denn Bücher lagern ja üblicherweise nicht in Schubladen.) Es geht um die Frage, in welchem Regalfach respektive unter welchem Etikett man sein Buch in der Buchhandlung wiederfindet. Wo wurde es einsortiert? Die Antwort kann auf Autoren und ihr weiteres Schaffen existenzielle Auswirkungen haben.

Je präziser das Etikett ist, desto heikler. Steht da Krimi, ist erst mal alles gut (solange man nicht auf die Idee kommt, etwa einen Roman schreiben zu wollen). Schwieriger sind Zusätze wie Cozy, Erotik, Fantasy oder was auch immer. Steht da Regionalkrimi, wird es schon schwer, auch nur heil aus der einen Region wieder herauszukommen. Denn man darf sich nichts vormachen: Dort, unter diesem Etikett, befindet sich nicht nur das Buch. Dort befindet sich der Autor.

Wenn nicht für immer, so doch für verdammt lang.

Ein geeignetes Mittel, Schubladen zu entkommen, ist das Pseudonym. Man kann damit sogar gefahrlos vom Köln- zum Düsseldorf-Krimiautor werden. Geht jedoch zulasten der Eitelkeit, wenn niemand weiß, wer es geschrieben hat.

85 Schutzpolizei
Mein Freund, ich helf dir ...

Wären die »Polizisten vor Ort« Fußballer, spräche man wahrscheinlich von einer Stammplatzgarantie. Sie spielen so gut wie immer mit. Dass ihnen erzähltechnisch kaum auszukommen ist, liegt in der Natur der Dinge: Sie sind die ersten Behördenvertreter am Tatort; sie sind es, die versuchen, den Fluchtwagen aufzuhalten; sie erwidern als Erste das Feuer.

Allerdings ist die Rolle des Schupos – herrliches, leider vom Aussterben bedrohtes Wort – im Krimi meist nur begleitend. Sie sind das erzählerische Fußvolk. Im Cozy-Sektor ist ihre Rolle gern die des Trottels, dessen komplette Unfähigkeit den Amateurermittler nötigt, den Fall selber in die Hand zu nehmen. Im Hardboiled-Bereich sind sie selten schlauer, dafür umso bestechlicher. Im Ermittlerkrimi stehen sie im Weg rum, wenn der genialische Kommissar versucht, am Tatort in Ruhe nachzudenken. (Dafür dürfen sie ihm Kaffee besorgen – häufig ungedankt: »Was ist denn das für ein Gesöff! Habt ihr keinen anständigen?«)

Kurz gesagt: Den Fußtruppen der Sicherheitsorgane wird im Krimi allzu oft unrecht getan. Nur selten wird versucht, sie zu Protagonisten zu machen, noch seltener gelingt das.

Sie sind zwar immer da, vom eigentlichen kriminellen Geschehen aber doch zu weit entfernt. Sie müssen immer tun, was die Kripo ihnen sagt.

So gut wie nie dürfen sie wirklich dramatische Entscheidungen fällen, und wenn, tragen nicht sie, sondern der vorgesetzte Kriminalhauptkommissar die Konsequenzen – *der* kriegt einen drüber vom Täter. Oder wenigstens von der Staatsanwaltschaft.

Sie machen es Autoren aber auch nicht leicht. Schon ihre Dienstgrade werden zur erzählerischen Herausforderung. Sie führen vom Polizeihauptwachtmeisteranwärter über den Polizeioberwachtmeister (nur in Bayern) und den Polizeihauptmeister (A9 mit Amtszulage) bis hin zum Ersten Polizeihauptkommissar.

Und wenn sie Pech haben, heißen sie auch noch Meier 3.

Joseph Wambaugh, der es geschafft hat, einfache Streifenpolizisten zu Hauptfiguren zu machen, war vorher selber einfacher Streifenpolizist. Mit seinen realistischen Storys war er so erfolgreich, dass er den Job an den Nagel hängen konnte – manche sagen: musste.

86 Selbstdisziplin
Wie findet mich die Muse – und wann?

Selbstdisziplin kann auf zahllose Arten angestrebt und auf manche auch erreicht werden, doch am Ende läuft es stets auf dasselbe hinaus: Beweg deinen Arsch, der Rest wird folgen.

Paradoxerweise bedeutet Selbstdisziplin für Autoren im wörtlichen Sinn das genaue Gegenteil, nämlich den Arsch eben *nicht* zu bewegen. Sondern ihn verdammt noch mal vor dem Schreibgerät zu platzieren und – wichtig – ihn genau da zu lassen, und zwar so lange, bis etwas Vorweisbares entstanden ist. Das fällt unterschiedlichen Menschen in unterschiedlichen Situationen unterschiedlich schwer, und kaum jemandem fällt es leicht.

Nichts ist schwierig, wenn es läuft, das gilt selbstredend auch fürs Krimischreiben. Wenn der Plot steht, der Einstieg geschafft ist, Täter und Ermittler als Figuren einleuchten, die Grundidee funktioniert, man eine eigene Welt erschafft – dann sitzt man gern da.

Wenn.

Aber wenn nicht, dann nicht. Dann sitzt man nicht gern da.

Nun gibt es Autoren, die von sich behaupten, sie kennten so was nicht. Ähnlich den Menschen, die angeblich täglich drei warme Mahlzeiten und abends zehn Bier zu sich nehmen, ohne Gewicht zuzulegen, lassen sie ihrer Umgebung wenig Wahl: Entweder man glaubt ihnen nicht – oder man hasst sie.

Derweil sitzen wir normalen Krimischreiber da, ohne Resultat von einer schlechten Lösung zur nächsten grübelnd, gezwungen von uns selbst (oder der Deadline), und warten auf den erlösenden Kuss der Muse. Allerdings sind Klio und Melpomene (oder wer immer bei denen für Krimis zuständig sein mag) recht unzuverlässige Gestalten, und sehr wahrscheinlich hilft es, wenn sie wissen, wann und wo sie uns finden.

Ein wichtiges Soft Skill für Autoren ist es, die ganz persönliche Grenze zwischen Selbstdisziplin und Selbstkasteiung rechtzeitig zu erkennen. Denn genau dort ist die Linie, an der es nicht mehr weitergeht und das Brennen für den Text zum Ausbrennen führt.

Mach mal Pause.

Die Mutter aller Ablenkungen: der Internetanschluss. Leider unverzichtbar für Recherche und Überprüfung, aber extremes zusätzliches Disziplinproblem. Verbindung zum Router kappen hilft nicht, wenn das Smartphone im Raum bleibt. Oder das Tablet. Oder Alexa …

87 __ Setting
Die Bühne bereiten

Das Setting gehört zu den Dingen beim Erzählen, deren Existenz so selbstverständlich ist, dass sie ab und an in Vergessenheit geraten. Unter dem Begriff vereint sich alles, was die Umgebung der handelnden Personen ausmacht. Und »alles« ist zu viel, um trivial zu sein.

Es sind zudem nicht nur die geografischen, physischen, technischen Gegebenheiten, sondern auch die soziale und psychische Grundsituation des gesamten Personaltableaus, und das ist 'ne Menge Holz.

Man kommt da schnell auf immens viele Teile, die zusammenfügbar bleiben müssen zu einem großen, komplexen Gebilde. Dieses Gebilde ist darüber hinaus vierdimensional, denn Geschichten dehnen sich nicht nur im Raum, sondern immer auch in der Zeit aus. (Wählte man für die sozialen oder seelischen Vernetzungen der Figuren auch den Begriff Dimension, wäre man schon bei sechs. Mindestens.)

Das Gebilde muss selbsttragend sein, und das ist es nur, wenn jedes einzelne seiner Teile im Ernstfall belastbar ist.

In dem Wort Ernstfall liegt ein wenig Trost, denn dieser tritt erst ein, wenn das jeweilige Teil in der Geschichte eine Rolle spielt. Das aber kann passieren, ohne dass von ihm erzählt wird. Seine Existenz allein kann schon die Handlung beeinflussen. (Auch seine Nichtexistenz, aber das würde hier den Rahmen sprengen.)

Es ist entgegen mancher Lehrmeinung *nicht* unbedingt nötig, alles über alles in der Story zu wissen, *bevor* man sie schreibt. Schon gar nicht sollte man Festlegungen treffen, bevor sie nötig sind. Wenn zum Beispiel der Bösewicht in eine Situation gerät, wo es helfen würde, Motorrad statt Auto zu fahren, ist es für den Autor nützlich, noch die Wahl zu haben.

Welche Folgen aber die Existenz eines Motorrades in unserem Setting hat – *das* muss man wissen, *wenn* man es hinschreibt. Dann braucht man eine Antwort auf jede Frage, die sich stellen könnte.

Eine große Aufgabe.

Es muss nicht immer ein rechter Winkel sein. Wenn die Teile zusammenpassen und gut miteinander verbunden werden, kann auch aus fragil wirkendem Material eine sehr belastbare Konstruktion entstehen.

88 Sexszenen
Scharf und nicht leicht zu dosieren

Wie im echten Leben ist Sex im Krimi auch Geschmackssache. Was generell kein Problem darstellt, solange Geschmack und Konzept aufeinander eingestellt sind. Sogar gar kein Geschmack geht, solange der Kontext stimmt.

Abzuraten ist von Sexszenen, die nur ins Buch geraten sind, weil der Plot zwei passende Protagonisten zufällig in die Nähe eines Bettes/Sofas/Swingerclubs getrieben hat und der schreibende Mensch gerade irgendwie wuschig ist. Empfohlenes Vorgehen: hinschreiben, markieren, Strg X, Strg N, Strg V, F12 und zur eigenen Erbauung gelegentlich mal durchlesen.

Anders jedoch, wenn man die entsprechende Ausrichtung von Beginn an projektiert und das im Exposé unmissverständlich deutlich gemacht hat, damit der Verlag ungefähr weiß, was auf ihn zukommt. Wenn man richtig in die Vollen gehen möchte, wird das neben dem Lektorat nämlich auch den Vertrieb interessieren.

Vorher sollte man sich aber ein paar Fragen gestellt und detailliert beantwortet haben: Heißt das Ding da unten beim Mann Schwanz, Johannes oder Yamswurzel? Welche Worte möchten wir für sein(e) Gegenüber verwenden? Werden für die zu erwartenden Vorgänge schlimmere Worte benutzt als Schnackseln? Welche Gegenstände werden verwendet und wie und wo und wofür? Woran denken die Protagonisten beim, ähm, Schnackseln?

Die Antworten darauf sind verdammt schwierig. So schwierig, dass nicht wenige, darunter Große der Weltliteratur, daran gescheitert sind – teilweise krachend: die Yamswurzel beispielsweise stammt von John Updike.

Manche meinen, Sexszenen zu schreiben sei das Schwierigste überhaupt. Will man also wirklich echten Sex ins Buch nehmen, sollte man ein wenig rumprobieren – also beim Schreiben. Obwohl ... Zum Beispiel seine eigenen geheimen Lieblingserinnerungen niederschreiben, detailliert und ehrlich. Und dann ganz genau überlegen, wem man das wirklich zu lesen geben möchte. Einmal im Buch, lesen es alle.

Schweinkram

Seit 1993 verleiht die britische »Literary Review« jährlich den »Bad Sex in Fiction Award« an Romanautoren. Die Preisträger sind überwiegend männlich. Unter ihnen Tom Wolfe, Norman Mailer, Jonathan Littell und Morrissey.

89 Sidekick
… holt schon mal den Wagen

Der Sidekick als Erzählwerkzeug ist älter als Derrick (doch, das geht). Seine erste und grundsätzlichste Pflicht ist seit jeher, dem Protagonisten als Dialogpartner zur Verfügung zu stehen. Zusätzliche Aufgaben wie etwa die Erzählerrolle dürfen ihm ohne Weiteres aufgebürdet werden, er meckert vielleicht, wehren tut er sich selten. Bereits 1605 wurde Sancho Panza in dieser Rolle zum Star.

Im Krimi ist der (neben Harry Klein) berühmteste und langlebigste Sidekick Dr. John H. Watson – wofür das H. steht, verschweigt sein Erfinder. Wie Kollege Panza war er Sidekick *avant la lettre*. Der Begriff selbst kam erst in der amerikanischen Kulturindustrie des 20. Jahrhunderts auf.

Die Figur Dr. Watson trägt die Erzählperspektive und lässt sich vom Protagonisten dessen geniale Gedankengänge erklären, die dem Leser schwerlich auf elegantere Weise zugänglich gemacht werden könnten.

Zugleich begegnet er dem Publikum auf Augenhöhe und gibt diesem die Hoffnung, dass neben dem Genie auch normal befähigten Menschen eine Existenzberechtigung zusteht.

Sehr hilfreich ist ein Sidekick auch beim Humortransport. Er ist im Vergleich zum Protagonisten tendenziell eher trottelig, kann aber auch, wenn dessen Stärken mehr im physischen Bereich liegen, schlauer sein als er, dafür mit Neigung zum Slapstickunfall.

Auch ermöglicht er Aktionen im Off: Während wir den Sidekick zu Ort A begleiten, handelt der Protagonist unbeobachtet an Ort B, wovon dann später und überraschend erzählt werden kann.

Auf jeden Fall muss diese Figur genauso seriös ausgearbeitet werden wie die Hauptfigur, denn im Ernstfall müssen sich alle auf sie verlassen können: Protagonist, Leser und, vor allem, Autor. Dass Dr. Watson mit Arthur Conan Doyle biografische Gemeinsamkeiten teilt, mag Hinweis darauf sein, wie wichtig der Autor ihn und seine Aufgabe genommen hat.

Aber jetzt könnte langsam mal der Wagen …

In Deutschland populäre Sidekicks waren und sind Sam Hawkens, Hadschi Halef Omar Ben Hadschi Abul Abbas Ibn Hadschi Dawuhd al Gossarah und Katsche Schwarzenbeck. Im Krimibereich – neben Harry Klein – vor allem Christian Thanner, großartig personifiziert von Eberhard Feik.

90_Spannung
Stärke und Widerstand

Generell zu unterscheiden sind drei Arten von Spannung: die elektrische, die mechanische und die dramatische. Die drei teilen unter anderem die Eigenschaft, dass zu ihrer Erzeugung Kraft aufgewendet werden muss.

Der Vergleich zwischen dramatischer und elektrischer Spannung hinkt im Weiteren etwas (auch wenn es manchmal kribbelt), und da zu seinem vollen Verständnis ein Exkurs in die Elektrotechnik nötig wäre, darf er hier außen vor bleiben.

Deutlicher sind die Gemeinsamkeiten zwischen mechanischer und dramatischer Spannung. Die zu ihrer Erzeugung nötigen Kräfte sind naturgemäß sehr unterschiedlich. Die physikalische Kraft, in Newton bemessen, ist eine präzise benenn- und quantisierbare Größe, wogegen die dramatische Kraft zu jenen nur vage definierten, zudem kulturellen Veränderungen ausgesetzten Begriffen zählt, mit denen wir es hier schon öfter zu tun hatten (→ Definition).

Gemeinsam ist beiden Kräften, dass sie Ankerpunkte benötigen, um Spannung aufzubauen, denn auch gigantische Kraft vermag nichts ohne etwas, an dem sie sich abstützen kann. Ein Bogen, ob in Physik oder Krimi, muss irgendwo stabil befestigt sein, bevor er gespannt werden kann.

Im Krimi sind die Ankerpunkte das Leserinteresse oder besser: die Lesersorge. Dass einem Protagonisten Schreckliches droht, erzeugt nur Spannung, wenn dieser den Lesern zuvor sorgfältig ans Herz gelegt wurde; ansonsten wird ihr Interesse mau bleiben.

Auf welcher Basis auch immer, der Bogen muss gespannt werden, und das kostet die Kraft des Autors. Die Rundung wird dabei nicht gleichmäßig sein, er kann – sollte sogar – besonders gegen Ende Dellen und Ausstülpungen haben. Auch sollte es deutlich mehr als einer sein, am besten so viele wie möglich. Je mehr unterschiedliche es sind, desto sicherer tragen sie am Ende die Konstruktion. Und egal, in welcher Größe oder Ausgestaltung – Hauptsache, hoch.

In Dramatik wie Physik sind gespannte Bögen nicht nur Resultat, sondern auch Träger der aufgewendeten Kraft. Sie speichern sie und verwandeln sie in Stabilität. Bei sorgfältiger Konstruktion kann das gleichzeitig anspruchsvoll, elegant und stabil sein.

91 Sprache
Leicht gesagt ...

Sprache ist im Krimi ein zweitrangiger Parameter. Solange das Lektorat die Grammatik einigermaßen im Lot hält, ist alles paletti. Wahrscheinlich mit ein Grund für die Popularität des Genres. Auch bei Autoren. Man kann einfach loslegen. Kurze Sätze. Einfache Wörter. Und nicht so viele verschiedene. Zwar ist es nicht untersagt, auch mal eine schöne oder gar elegante Formulierung einzustreuen, muss aber nicht.

Gute, schöne, gar elaborierte Sprache ist zudem aufwendig. Sie kostet Zeit, und die ist Geld, weiß jeder. Man kann seine Sätze dann nicht einfach so hinschreiben und stehen lassen. Man muss sie noch mal durchlesen, drüber nachdenken und umformulieren. Und das nicht nur gegebenenfalls. Allenfalls muss man es gegebenenfalls nicht. Und wenn dann der nächste Satz da steht und man den auch schön macht, so heißt es aufpassen, dass nicht versehentlich eine Formulierung aus einem der vorangegangenen Sätze wiederholt wird.

Dabei kannste die auch einfach stehen lassen, weil merkt eh keiner, is' ja Krimi.

Welch ein Irrtum. »Nicht merken« bedeutet hier allenfalls »nicht benennen können«, und das ist etwas ganz anderes als »nicht wahrnehmen«. Es geht um die Anmutung des Textes. Sie wird durch seine Sprachwelt geprägt, vor allem durch ihre Angemessenheit. Dabei kann es absolut angemessen sein, bei einem austeilenden oder einsteckenden Gangster die Faust statt aufs Kinn auf die Fresse treffen zu lassen. Oder das Maul, die Schnauze, das Fressbrett, *you name it*. Ist der Erzähler jedoch, sagen wir, ein Mann der Kirche oder eine Konzertpianistin, wäre das alles tendenziell eher unangemessen und damit unschön.

Auch wenn Leser dazu neigen, über schlampige Formulierungen hinwegzulesen, verdienen sie Respekt; der spiegelt sich in der Anmutung wider, und es ist unwahrscheinlich, dass Autoren davon mehr zurückbekommen, als sie hineingesteckt haben.

In »The Awful German Language« hat Mark Twain einen sehr amerikanischen Blick auf die deutsche Sprache geworfen. In dem Text sind Beobachtungen zu Grammatik, Wortbildung und Aussprache versammelt, ergänzt durch einige bemerkenswerte Verbesserungsvorschläge. Lehrreich und saukomisch.

92 Tagespensum
Eine sehr persönliche Angelegenheit

Aussagen zum Thema Tagespensum von Kollegenseite stehen generell unter Anglerlateinverdacht. (Das gilt selbstredend auch für das, was man selbst den Kollegen erzählt.) Da ist zunächst einmal das auch Gutwillige nicht verschonende Problem der fehlerhaften Selbstwahrnehmung. Hat man mal drei Tage hintereinander je x Seiten geschafft und sich das gemerkt, wird man auf zutiefst menschliche Art für lange Zeit fest davon überzeugt sein, im Schnitt immer x Seiten zu schaffen, selbst wenn es wochenlang nur $x-0{,}5$ sind. Und wenn es beim nächsten Projekt nur $x-1$ sind, glaubt man ganz fest daran, dass das nur ein den speziellen Gegebenheiten geschuldeter Ausreißer ist.

Daneben gibt es noch Unklarheit über die Einheit, in der gerechnet wird. Mancher nimmt die Seitenzahl des Textprogrammes als Maßstab, was Faktoren wie Schriftart, Schriftgröße, Ränder oder Zeilenabstand ignoriert. Die aus Zeiten der Schreibmaschine stammende Normseite hilft heute auch nur noch bedingt. Als relevant und leider etwas prosaisch bleibt einzig die Zeichenzahl. Daneben gibt es natürlich aber auch noch schlichte Angeberei. Wie bei Anglern eben.

Notwendigerweise unmessbar aber ist und bleibt das, *was* da geschrieben wurde. Niemand wird ernsthaft behaupten, dass das Streben nach Qualität die Quantität unbeeinflusst ließe. Ein Konjunktiv könnte Zeit kosten, und so manches Plusquamperfekt dürfte schon dem Streben nach Textmenge zum Opfer gefallen gewesen sein.

Dazu kommen die – ebenfalls nicht zu quantisierenden – Ansprüche durch Textform, Stil und Gattung. Ein Hardboiled in Ich-Perspektive darf pro Seite ruhig mal was länger dauern als ein Cozy mit auktorialem Erzähler.

Wichtig ist, sich dieser Unmessbarkeit bewusst zu sein und sie zu akzeptieren. Das erfordert allerdings ein gewisses schriftstellerisches Selbstbewusstsein, das man sich, sofern nicht vorhanden, antrainieren muss.

Am besten mit Schreiben.

änder je X Seiten geschafft und sich das geme
auf zutiefst menschliche Art für lange Zeit f
zeugt sein, im Schnitt immer X Seiten zu sch
n es wochenlang nur X - 0,5 sind. Und wenn e
rojekt nur X - 1 sind, glaubt man ganz fest
ur ein den speziellen Gegebenheiten geschuld
ist.

bt es noch Unklarheit über die Einheit, in d
wird. Mancher nimmt die Seitenzahl des
mmes als Maßstab, was Faktoren wie Schriftar
ße, Ränder   oriert. Die
r Schreibma   ite hilft h
och beding   der etwas p
zig die Ze   es natürli
schlichte   ern eben.
rweise unm   bt das, wa
n wurde. N   ehaupten, d
ch Qualitä   flusst ließ
könnte Ze   r Plusquam
on dem Streben nach Textmenge zum Opfer gefa
in.

n die - ebenfalls nicht zu quantisierenden -
durch Textform, Stil und Gattung. Ein Hardbo
ktive darf pro Seite ruhig mal was länger da
it auktorialem Erzähler.

Wörter zählen

Statistik:

Seiten	2
Wörter	310
Zeichen (keine Leerzeichen)	1.831
Zeichen (mit Leerzeichen)	2.138
Absätze	11
Zeilen	49

☐ Textfelder, Fuß- und Endnoten berücksichtigen

[Schließen]

Ein sehr wichtiges Werkzeug, um den Überblick zu behalten: Wörter und Zeichen zählen lassen. Je nach Programm und Version unterschiedlich schwer zu finden, suchen lohnt sich aber (mal probieren: Shift Strg i). Wichtigste Kennzahl: Zeichen (mit Leerzeichen).

anden, antrainieren muss.
mit Schreiben.
ichtiges Werkzeug, um den Überblick zu behal
Zeichen zählen lassen. Je nach Programm und

93 Thriller
Krimi hoch x

Der Thriller teilt sich mit dem Krimi das Problem der Definition. Vielen gilt er als Subgenre. Psycho-, Polit-, Justiz-, Horror-, Öko- und Erotikthriller wären dann Subsubgenres, was dagegen spricht. Thriller können auf Ermittler und Tataufklärung durchaus verzichten, nicht einmal ein sich schuldig machender Täter ist zwingend. Die Bedrohungen können von allem ausgehen: von Zombies, Naturkatastrophen, eifersüchtigen Autos oder eben von einem Serienkiller, der sich allen Nachstellungen entzieht und immer weitermordet – da haben wir dann doch noch die Brücke. Ein Krimi kann also ein Thriller sein, ein Thriller ist nicht zwingend ein Krimi.

Ein Thriller zeichnet sich aus durch ein besonders dichtes und durchgehendes System von Spannungsbögen. Diese können (und sollten) verzahnt sein, sich überlagern, addieren und gegenseitig verstärken. Ihre Höhe kann man als entscheidendes Qualitätsmerkmal betrachten.

Aus der klassischen Ermittlerperspektive des Krimis heraus ist eine solche Konstruktion kaum zu erstellen. Das zeitweise Einnehmen der Täterperspektive ist da eine gern gewählte Verstärkervariante. Oft, man könnte sagen: gewöhnlich, begleiten die Leser dann einen namenlosen Menschen bei bestialischen Mordtaten, die dieser ihnen begeistert schildert. Kann man machen. Die Leser sollen unmittelbare Angst verspüren vor dem, was geschieht, die Bedrohung idealerweise persönlich fürchten – und dies *zusätzlich* zur Angst um die Protagonisten. Sie dürfen immer wieder mal Hoffnung schöpfen, die aber stets enttäuscht wird. Dabei helfen gern die Ermittler, indem sie dem Bösen hilflos hinterherhecheln, es fast, aber eben doch nicht zu fassen bekommen und genau in dem Moment, in dem das Opfer auf die Streckbank gefesselt wird, an der falschen Tür klingeln.

Und wenn man das gut genug macht, darf das Monster sogar davonkommen. Bis zum Wiedersehen. Im nächsten Band.

Ein Held, ein Bösewicht, hohe, extrem intensive Spannungsbögen, Angst um das Leben der Protagonisten und so gerade eben noch ein Happy End. Auch nach Krimimaßstäben trug der dritte Kampf Ali versus Frazier die Bezeichnung »Thrilla in Manila« zu Recht.

94_ Tiere
Die wollen nur spielen ...

Der Einsatz von Tieren im Krimi ist verlockend, und wie das meiste Verlockende hat er den ein oder anderen Haken. Zwar kann das Verhältnis zwischen tierischen und menschlichen Protagonisten sehr gut zur Charakterzeichnung genutzt werden – ob ein Kommissar Hühner oder Koi-Karpfen züchtet, macht einen Unterschied. Aber die Rolle von Tieren im Plot und die Art ihres Auftretens sollten frühzeitig bestimmt werden, damit nach hinten hin keine Schwierigkeiten entstehen.

Beispielsweise kann ein fiktives Haustier bei längerer Abwesenheit seines Besitzers ganz ähnliche Probleme mit sich bringen wie ein reales. Mit einem in der → Continuity vergessenen und deshalb verhungerten Hamster riskiert man wahrscheinlich empörtere Leserreaktionen als mit einer gesplatterten Großmutter.

Variabel, erzähltechnisch einfach zu handhaben und sogar eingeschränkt kommunikationsfähig sind natürlich Hunde. Sie bieten sich beispielsweise als → Sidekicks an, die helfen, Protagonisten in erzählenswerte Situationen zu manövrieren. Da sie von Logik befreit auftreten können, öffnen sie dem glaubhaften → Zufall Tür und Tor. Zudem können sie Spuren entdecken, auf die man menschliche Schnüffler erst mit der Nase stoßen müsste.

Katzen sind erzähltechnisch schwieriger. Als Plotmotor fallen sie weitgehend aus, da sich ihr Handeln in der Regel darauf beschränkt, zu warten, dass ihre Befehle ausgeführt werden. Aber ihre Besitzer haben ein großes Herz.

Zum Problem werden kann die nötige Distanz zwischen Autor und Tier respektive der Mangel an ihr. Einem Menschen, der sein Tier liebt, sei davon abgeraten, es in einem Krimi auftreten zu lassen. Man schreibe dem Racker ein eigenes Buch, eines über seine wahren, total lustigen Abenteuer vielleicht, mit Fotos, oder einen Ratgeber oder eine romantische Komödie. Aber keinen Krimi. Bitte.

Und übrigens: Tiere können *nicht* sprechen.
Nicht in Krimis. Ehrlich nicht.

Dass das mit der Großherzigkeit von Katzenbesitzern so eine Sache ist, bekam James Bond in »Man lebt nur zweimal« auf die harte Tour beigebracht: Donald Pleasence als Ernst Stavro Blofeld und die fieseste Krimikatze der Filmgeschichte.

95 Die Todfeindin
Sie mordet schleichend

In Malaysia spricht man, um den Tiger nicht anzulocken, seinen Namen nicht aus. Belassen auch wir es also bei »Todfeindin«. In diesem Kapitel wollen wir deutlich vor ihr warnen, denn sie darf nie, nie, nie in einem Krimi auftauchen.

Jeder Geschichte, in die sie eindringt, droht ein trostloses Ende, und wenn es ihr gelingt, in einem Krimi wirklich Fuß zu fassen, ist er verloren. Man wird ihn quasi an die Wand stellen, ins Regal also, vor seinem Ende. Höchststrafe. Exekution durch Zuklappen. Und das nur, wenn man Glück hat. Wenn man Pech hat, wird auch noch schlecht drüber geredet. Und das gilt es zu verhindern, vom ersten Satz an und mit jedem, wirklich jedem Mittel.

Denn die Todfeindin versteckt sich überall – in fader Sprache, müden Dialogen, unnötigen Redundanzen, nachlässig konstruiertem Plot, schwach aufgehängten Spannungsbögen, in flachen Charakteren, mangelnder Motivation von Ermittler oder Täter, in der Öde des Realismus und dem Grau der Phantasielosigkeit, im farblosen Figurenensemble. Selbst im Durcheinander von Erzählsträngen, dem hektischen Wechsel der Perspektiven und dem Dröhnen überdrehter Action kann sie nisten. Und während man sie hier vertreibt, erhebt sie dort bereits aufs Neue das Haupt. Auch kann sie beliebig viele Schlupfwinkel gleichzeitig bewohnen und siedelt – Gipfel der Perfidie – sowohl im Zuviel als auch im Zuwenig von so ziemlich allem.

Und als wäre das nicht genug, ist sie zudem eine Meisterin der Tarnung. Groß und erhaben vermag sie vor den Augen des Schreibenden zu hocken, ohne dass es ihm gelingt, sie wahrzunehmen, um dann bei erster Gelegenheit gnadenlos über die Leser herzufallen.

Die Feindin ist also mit allen Waffen zu bekämpfen, derer man habhaft werden kann – auch fernliegenden, atypischen und unfairen. Denn gerade diese entwickeln oft die durchschlagendste Wirkung.

Waidmannsheil.

Illustrationen ziehen umso mehr Leserinteresse auf sich, je weniger sie mit dem eigentlichen Thema zu tun haben. Solange es der wirkungsvollen Bekämpfung der Todfeindin dient, kann dabei auch rigorose Ablehnung in Kauf genommen werden.

96__ Trinken I: Im Buch
Kein Alkohol ist keine Lösung

Das Trinkverhalten ist ein eingeführtes und vergleichsweise leicht zu handhabendes Hilfsmittel bei der Charakterisierung von Krimifiguren.

Einem kühlen Ermittler mögen Fitness und jederzeit klarer Verstand wichtig genug sein, um dafür auf Alkohol zu verzichten. Es führt aber zu Fragen: Verzichtet diese Figur bewusst auf Genuss, oder schmeckt ihr das Zeug einfach nicht? Die möglichen Antworten ergeben zwei unterschiedliche Charaktere. (Wer ausschließlich Nichttrinker in seinem Personal hat, braucht auf dieser Seite nicht weiterzulesen, macht aber wahrscheinlich einen Fehler.)

Grundsätzlicher Art sind auch die Fragen, ob die Figur gelegentlich oder regelmäßig, aus Genuss oder aus Sucht, Schnaps oder keinen Schnaps trinkt. Die Antworten darauf sind wichtig und spielen eine Rolle in der Entwicklung des Charakters (fast wie im richtigen Leben). Auch dürfen diese Antworten nicht vergessen werden, und sollten sie sich im Laufe der Geschichte ändern, muss es den Lesern mitgeteilt werden.

Ob ein gelegentliches Glas Wein die Figur zu einem gefühlvollen Genießer oder einem spießigen Langweiler macht, hängt wiederum vom jeweiligen Wein ab. Ob Wodka oder Gin getrunken wird, Martini oder Kleiner Feigling, ob Rum oder Mariacron in die Cola gekippt werden, *macht* einen Unterschied. Und das nicht nur für die Figurenentwicklung, sondern auch beim Erzeugen von Atmosphäre. Sogar ob Whisky oder Whiskey getrunken wird, mag eine Rolle spielen, wenn man Wert auf Details legt.

Das führt uns zur Aufgabe der → Recherche. Wie immer kann man natürlich alles hier oder da nachlesen (empfohlen seien Imgrunds »111 Whiskys« oder Henns »Weinwissen für Angeber«). Andererseits wären entsprechend begeisterungsfähige Autoren mit dem Klammerbeutel gepudert, würden sie nicht persönlich nachprüfen, was ihre Protagonisten da so zu sich nehmen.

Und zumindest gelegentlich auch, wie es wirkt.

»*Mike Hammer drinks beer because I can't spell Cognac.*« Mickey Spillane – offenbar kein Rechercheweltmeister, aber sehr konsequent in der Figurenführung.

97_ Trinken II: Beim Schreiben
Die einen sagen so, die andern sagen so …

Einer alten Legende nach gab und gibt es Autoren und Künstler jeder Gattung, die unter dem Einfluss von flüssigen (oder auch staubigen) Drogen bessere Arbeit abliefern als nüchtern. Keine Legende ist, dass das etliche von sich behaupten. Leider machen bildende Künste und Literatur es zur Ausnahme, Künstlern bei der Arbeit zusehen zu dürfen. Daher fällt ein Urteil von außen hier schwer. Anders bei den Bühnenkünsten. Insbesondere die Musik erlaubt es, Künstler unter Einfluss wechselnder Wirkstoffe beim Künstlern zu beobachten. Gelegentlich gibt es sogar die Chance, nüchterne und nicht nüchterne Auftritte zu vergleichen. Und zumindest bei Musikern ist sich der Autor dieses Buches nach jahrzehntelanger Beobachtung sicher, dass nicht ein einziger unter Alkohol- oder Drogeneinfluss besser ist als ohne. Zwar gibt es Suchtkranke, denen es tatsächlich nicht möglich ist, ohne zu spielen. Dass sie nüchtern schlechter sind, liegt aber nicht an der Droge, sondern an ihrer Abwesenheit.

Jedem, der das bezweifelt, bleibt es unbenommen, einen Test zu wagen. Höher als ein Tagewerk ist das Risiko nicht (na gut, könnten zwei werden). Und Chancen sind gegeben. Denn klar ist, dass Alkohol Ängste abbaut. Man wagt mehr, wagt leichter, wagt schärfer. Man traut sich, Sachen hinzuschreiben, die man sonst eben nicht zu schreiben wagen würde – warum eigentlich nicht?

Vorauseilender Gehorsam vorm Lektorat? Schiss vor der Kritik? Deine sklerotischen Stilvorstellungen?

Wahrscheinlich alles zusammen, du kleiner Feigling, oder? Jetzt sag nicht Nein! Nix würdest du wagen, wenn du nicht deine drei Doppelten drinhättes. Stimm doch! Einen Scheiß würds du dich traun, bloß wegen den Schlaubergern vom Lecktorat. Und wegn dem Drecksverriss von dem fetten Arsch vonner Rheimschn Psot. Sach ich doch. Hau runter den Scheiß und ab daführ, zeigs den verdmmten Kretins einfxcvh mal!!!!

Dä.

Muss ich morgen noch mal drüber …

Ein Rat aus Jean Pauls berufenem Munde: »Entwirf beim Wein, exekutiere beim Kaffee.« Andererseits postulierte Raymond Chandler, Krimis dürften nicht entwickelt, sie müssten destilliert werden.

98_ Überarbeiten
Eile mit Weile

Das Überarbeiten steht üblicherweise als letztes Hindernis vor der → Deadline. Zugleich halten einige, die es wissen müssten – genannt sei Stephen King –, es für ratsam, etwas Abstand zwischen Fertigstellung des Textes und Beginn des Überarbeitens zu lassen. Steht man zu nah vor einem Berg, kann man ihn nicht erkennen und sollte ein wenig Distanz gewinnen.

Dabei gilt es, die Distanzen *(d)* zwischen Schreiben *(S)*, Überarbeiten *(Ü)* und Deadline *(D)* auszutarieren. *d (S $_{(Ende)}$ → Ü$_{(Beginn)}$)* beträgt laut Stephen King idealerweise sechs Wochen. Der Wert *Ü* darf den von *d (Ü$_{(Beginn)}$ → D)* dabei natürlich nicht überschreiten. *Unter*schreiten wird er ihn allerdings selten, denn mehr noch als beim eigentlichen Schreiben gilt beim *Ü* jenes Parkinson'sche Axiom, nach dem die für eine Arbeit benötigte Zeit die zur Verfügung stehende stets komplett ausfüllt.

Zu alledem wird *D* meist vor Erreichen von *S $_{(Ende)}$* definiert. Will man die King'sche Methode anwenden, bedeutet das, eine zusätzliche, persönliche Deadline *Dp* zu definieren, was faktisch bedeutet, das eigentliche *D* um sechs Wochen nach vorn zu ziehen. Freiwillig und von vornherein.

Glückwunsch allen, denen das gelingt.

In der Praxis dagegen ist die Mehrheit froh, überhaupt vor der Deadline fertig geworden zu sein, und wird das Überarbeiten noch irgendwie mit reinquetschen. Das wird der Bedeutung des Überarbeitens nicht gerecht.

Das Buch »111 Arten, wie man einen Krimi verdammt gut überarbeitet« ist noch nicht erschienen. Leider, denn einen eigenen Text zu überarbeiten ist beinahe so persönlich, wie einen zu schreiben. Es ist die letzte Chance, eigene Fehler auszumerzen – und für sich zu behalten. Man sollte sie nutzen, so gut es geht. Denn mitunter stößt man dabei sogar beim zweiten Durchgang noch auf kapitale Böcke. Selbst geschossen. Und sogar wenn deren Beseitigung dann zulasten von *D* geht: Wat mutt, dat mutt.

Da die unmittelbare Belastung beim Überarbeiten weniger hoch ist als beim eigentlichen Schreiben, treten Erschöpfungszustände entsprechend später auf. Dadurch kann sich die tägliche Arbeitszeit unkontrolliert verlängern. Gewarnt sei daher vorm Überarbeiten beim Überarbeiten.

99 Der verdammt gute Krimi
Zum Wesentlichen

Die Frage nach dem verdammt guten Krimi ist nicht nur eine verdammt gute Frage, sie ist mehrere. Und sie führt vom Hölzchen aufs Stöckchen.

Nicht nur, dass wir nicht wissen, was überhaupt ein Krimi ist (→ Definition), auch das »gut« kann eine Reihe von Bedeutungen annehmen, von denen einige sich diametral widersprechen. (Wer an dieser Stelle auf den Buchtitel abheben möchte, sei auf das Kapitel »Worttitel« und den Emons Verlag verwiesen.)

Nehmen wir die Nichtdefinierbarkeit des Krimis mal als gegeben an und konzentrieren uns auf das »gut«. Seine Bedeutung hängt von den Zielen ab, die mit dem jeweiligen Krimi erreicht werden sollen, und dass diese sehr unterschiedlich sein können, liegt auf der Hand. Zwar dürfte eine gewisse Übereinkunft herrschen, dass eine hohe Verkaufszahl zu begrüßen ist, aber damit hat es sich auch schon. Denn dass ein Krimi schon deshalb gut ist, weil er sich gut verkauft, wird außerhalb der Vertriebsschiene kaum jemand ernsthaft behaupten – innerhalb dagegen umso mehr. Was dem Ziel »hohe Verkaufszahl« untergeordnet werden sollte und darf, wird zwischen Verlagen und Autoren auf immer umstritten bleiben. Aber auch unter Autoren gibt es darüber keine Einigkeit. Während die, nennen wir sie »amerikanische Schule«, mit Mike-Hammer-mäßigem Zynismus alles tut, damit am Ende die Marie stimmt, strebt das andere Extrem nach stilistischer Reinheit und die dazwischen nach was auch immer.

Aber selbst wenn die Auflage als Qualitätsmerkmal außen vor gelassen wird, ist nichts geklärt. Ist Hardboiled besser als Cozy? Politisch besser als Splatter? Schwarz-Weiß besser als in Farbe? Man könnte die Leser fragen, aber die Antworten werden so unterschiedlich ausfallen, wie Leser eben sind.

Das Einzige, was an der Frage nach dem verdammt guten Krimi geklärt ist, ist das »verdammt«.

Aber nur, wenn man dessen religiösen Aspekt ausklammert. Was wir an dieser Stelle mal tun wollen. Nur vorsichtshalber.

Einer, der weiß, wie man einen verdammt guten Kriminalroman schreibt, ist der US-Amerikaner James N. Frey. Verdammt gut ist auf jeden Fall der Erfolg seines so benannten Buches, das 2005 erstmals auf Deutsch erschien.

100 Vereinigte Staaten
Hatten es mal besser ...

Die Zeiten, da man von Deutschland aus die USA und ihre Einwohner uneingeschränkt und zu Recht beneidete, sind eine Weile her. Es gibt immer noch eine Menge Fans, aber sie äußern sich nicht mehr ganz so euphorisch wie früher. Das Bemühen der USA, ihr Ansehen zu ruinieren, läuft auf historischem Weltspitzenniveau. Aber für Kriminalgeschichten bietet das Land im Vergleich zu Europa nach wie vor ausschließlich Vorteile. Erzähltechnisch sind die USA das Paradies. Wobei Paradies nicht ganz stimmt – eigentlich entspricht das Land eher, sagen wir, Mittelerde: Alles ist möglich und – viel wichtiger: Alles ist glaubhaft.

Es beginnt schon bei der Geografie: gigantische Ausmaße und Entfernungen; Wüsten, Urwälder und Sümpfe zur problemlosen Entsorgung von Leichen oder was auch immer; zwei richtige Ozeane, arktische Landschaften, Hochgebirge, mächtige Flüsse. Dazu Städte jeder Art und Größe, vom unregierbaren Moloch bis zum gruselig öden Mittelwest-Kaff.

Und erst die Hardware: Ein Dodge RAM mit einem 5,7-Liter-HEMI-Motor mag auf technischer Ebene das Äquivalent eines Dinosauriers nach dem Kometeneinschlag sein – er macht aber definitiv mehr her als ein VW Passat TDI. Die Feuerwehr hat größere Autos, die Polizei hat größere Kanonen, und sogar das Freizeichen im Telefon tutet geiler – dieses lasziv verzerrte Schmatzen, mit dem jeder Ton endet, hach ...

Gesellschaftlich ist es tatsächlich *noch* besser – zumindest wenn man Krimis schreiben möchte: hemmungslose Geldgier ist allgemeiner Konsens; Waffenbesitz muss nicht erklärt werden; Polizei und Justiz sind unberechenbar; Korruption; Todesstrafe; Mafia; Drogen- und Bandenkriege; heftiger Rassismus in und aus allen Richtungen; religiöser Irrwitz aller Art; Dutzende von Geheimdiensten. Und die NRA.

Was man jetzt bräuchte, wäre eine gute Begründung, warum auch deutsche Autoren unbedingt Krimis schreiben müssen, die in den USA spielen.

Im Bemühen um den Ausgleich erzählerischer Nachteile hat die *Société européenne de la littérature policière* bei der *World Association of Crime Fiction* eine Anpassung des offiziellen Krimi-Handicaps für Westeuropa beantragt. Die amerikanische Delegierte ist schon mal dagegen.

101 Der Verriss

Humor ist, wenn man trotzdem lacht

Der Verriss ist der große Mist im Leben des Krimiautors. Man ärgert sich. Jede, jeder, jedes Mal. Einzige Chance: nicht mal ignorieren, wirklich nicht wahrnehmen. Aber das führt mehr oder weniger zwangsläufig dazu, auch die Hymnen zu verpassen. Außerdem gehört die Lektüre der Feuilletons nun mal zum Job – schon um mitzubekommen, was die Konkurrenz so treibt. In der Regel hilft es nicht einmal, wenn ein vertrauenswürdiger Mensch den Kulturteil vorzensiert, denn das verreißende Organ wird dem Verlag den Artikel als Beleg zukommen lassen, und meist hat dieser sich im Vertrag verpflichtet, den Autor über alle Pressereaktionen zu informieren.

Da haste es dann.

Verrisse gibt es in unterschiedlichen Formen und Ausprägungen. Die Begriffe *unverdient, berechtigt* beziehungsweise *überfällig* werden kombiniert mit *einzeln, gelegentlich* oder *hagelnd*. Die jeweiligen Kombinationen ergeben dann unterschiedlich große, unterschiedlich stark stinkende Haufen Scheiße.

Es mag die ein oder andere in fernöstlicher Philosophie geschulte Autorenpersönlichkeit geben, die Verrisse abkann. Lernt man solche Menschen dann näher kennen, stellt man oft fest, dass sie es wohl behaupten, aber noch nie beweisen mussten. Einfach, weil sie noch nie verrissen wurden.

Dies führt uns zum dialektischen Teil des Themas. Denn so unglaublich es dem Verrissenen in seiner unmittelbaren Verrissenheit vorkommen mag: Der Verriss ist keinesfalls das Schlimmste. Natürlich ist er schlimmer als Lob oder gar Hymne, aber das Allerallerschlimmste ist: Nichts.

Nada. Schweigen im Blätterwald. Null Rezensionen im Netz. Verwandte und Kollegen, die sagen: »Oh, dein Buch … ja, das les ich demnächst auch noch.« *Das* ist schlimm. Viel schlimmer, als wenn ein dicklicher Mann mit schütterem Haar im Fernsehen dein Buch in eine Mülltonne wirft.

Ärgere dich. Kurz. Dann konzentrier dich wieder auf die Arbeit.

Die Auswirkung von Rezensionen auf Verkaufszahlen ist weder mess- noch belegbar, was Autoren als tröstend empfinden sollten. Ausnahmen sind Besprechungen in den großen TV-Literatursendungen. Hier ist jede Erwähnung positiv, auch negative.

102 _ VG Wort
Wie die GEMA, nur netter

Eine der wenigen für Autoren zweifelsfrei segensreichen Einrichtungen in Deutschland ist die Verwertungsgesellschaft, kurz: VG Wort. Ihre Aufgabe ist es, die Beteiligung der Autoren an der wirtschaftlichen Zweitverwertung ihrer Texte sicherzustellen. So wie die GEMA das für Komponisten tut. Die VG Wort kommt dabei allerdings erheblich angenehmer rüber. Zum einen stellt sie keine allzu hohen Hürden vor die Mitgliedschaft und erhebt auch keinen Mitgliedsbeitrag. Zum anderen tritt sie in der Öffentlichkeit weniger in Erscheinung als die GEMA.

Das liegt auch daran, dass Musik in unserem Leben deutlich mehr Raum einnimmt, als Texte das tun. Während die GEMA ihr Image ruiniert, indem sie jedem radiohörenden Kiosk-Betreiber oder Jugendheim-Schülerband-Konzertveranstalter auf der Pelle sitzt, bleibt die VG Wort meist in ihrem professionellen Umfeld von Radio- und Fernsehsendern, Theatern, Büchereien, Zeitschriften und Medien aller Art. Da fällt sie weniger auf und treibt verlässlich Tantiemen ein.

Ein wichtiges Betätigungsfeld ist die Auseinandersetzung mit den Herstellern von Druckern und Kopierern. Musste ein anständiger Raubkopierer einst den Text immerhin noch setzen oder zumindest abschreiben, geht das heute ja ratzfatz. Das Duo Copy & Paste ist der natürliche Feind jedes Autors (und Fotografen und Malers und Grafikers und so weiter, aber um die kümmert sich die VG Bild).

Gäb es nix zu kopieren, gäb es weniger Bedarf an Geräten (und vor allem: Tinte und Toner). Deshalb zahlen die Hersteller für jedes verkaufte Gerät einen bestimmten Betrag an die Verwertungsgesellschaften, den diese an ihre Mitglieder weiterreichen. Da die Hersteller sich das Geld selbstverständlich über den Preis vom Endkunden zurückholen, möchte ich an dieser Stelle im Namen aller VG-Wort-Mitglieder mal herzlich Danke sagen.

Sie haben doch einen Drucker, oder?

Die VG WORT wurde 1958 gegründet. Mitbegründer und Ehrenpräsident Georg Kahn-Ackermann hier zwischen Hans Werner Richter und Carl Amery in einer ZDF-Sendung mit dem schönen Titel »Fällt der Groschen?«, zu Zeiten, als man im Fernsehen noch rauchen durfte.

103_ Waffentechnik

Waffen töten keine Menschen. Kugeln tun es.

In jeder gut sortierten Bahnhofsbuchhandlung finden sich drei bis vier Fachblätter mit jeder Menge Informationen zu allem, was knallt. Die irritierten oder offen hasserfüllten Blicke, die man als deren Käufer riskiert, kann man sich mit dem Internet ersparen. (So wie es auch die anderen Zeitschriften erspart, die man nie gekauft hat, weil man immer so seltsam angeguckt wurde.)

In den meisten Fällen reicht es beim Krimischreiben aber aus, zwischen Revolvern und halb automatischen Pistolen unterscheiden zu können. Das sollte man dann aber auch, denn die einen lassen Patronenhülsen zurück, die anderen nicht. Nur selten wirklich wichtig dagegen ist, ob eine Waffe von Glock oder SIG Sauer hergestellt wurde.

Ein guter Grund, trotzdem den Hersteller zu nennen, ist ein sprachlicher. Denn wenn eine bestimmte Waffe wiederholt erwähnt werden muss, etwa bei einer Schießerei, wird es mit den Bezeichnungen für sie schnell eng. Hat man Pistole, Waffe und Halbautomatik durch, helfen Markenname und Typ weiter. Eine 45er Remington 1911 ergibt dann gleich drei zusätzliche Synonyme, auf die man zurückgreifen kann.

Bei Kaliber und Munition sollte man sich ein klein wenig schlaumachen, bevor man von den gängigen neun Millimetern, 38ern oder 22ern abweicht. (Magnum ist übrigens nicht nur ein Eis.)

Bei den Langwaffen ist die Lage ähnlich. Die Unterschiede zwischen Flinte und Büchse dürfen zwar beim Leser nicht als geläufig vorausgesetzt werden, aber oft sind sie auch nicht wichtig. Ob so ein Ding aber Hohlspitzgeschosse oder Schrot abfeuert, sollte man geklärt haben, bevor man damit jemanden umlegen lässt.

Zubehör wie Zielfernrohre, Nachtsichtgeräte oder Schalldämpfer erfordern vor dem Einsatz ebenfalls ein wenig Recherche. Nicht vergessen werden darf dabei aber die Frage, ob dem Leser davon wirklich erzählt werden muss. Die Tatsache, dass man es nachgeguckt hat, ist als Grund allein nicht ausreichend.

Bei der Wahl des Herstellers sollten im Krimi nicht nur technische, sondern auch sprachliche Aspekte berücksichtigt werden. SIG Sauer klingt umständlich, Colt abgedroschen, Glock sehr hart, Walther sehr deutsch, Makarov bedrohlich, Beretta schick. Für die paar hundert anderen fehlt leider der Platz.

104_ Warum
Ich war jung und dachte, es gäb Geld

Warum mühe ich mich monatelang mit einem Langtext, wenn ich in der gleichen Zeit als Pizzabote mehr Geld verdienen könnte? Diese Frage kann ans Eingemachte gehen und wird deshalb von Krimiautoren gern ignoriert.

Im künstlerischen Idealfall lautet die Antwort, dass man keine Wahl hat. Man muss. Der Krimi ist in dir und wütet, du musst ihn rauslassen. Künstlerisch mag das der Idealfall sein – für Betroffene, oder vielleicht besser, Befallene kann es jedoch zur argen Quälerei werden. Nächtens sitzen sie vor ihren Tastaturen, mit Stoff und Sprache ringend wie mit Koffein und Alkohol.

Manchen fließen ihre Romane auch schlicht aus der Feder, aber es sind wenige, und unter den wenigen sind manche, als deren Leser man wünscht, sie hätten zwischendurch mal innegehalten. Zum Nachdenken etwa.

Andere haben ein dringliches Thema, was immer eine gute Antwort auf das Warum ist. Kriminalliteratur ist vom Selbstverständnis her ja nicht zuletzt Literatur, und ein gewisser Anspruch bei der Themenwahl steht dem Krimi als Gesellschaftsroman ohnehin gut zu Gesicht.

Nun haben in Westeuropa beheimatete Menschen überwiegend eher selten persönliche Erfahrungen gemacht, die dramatisch genug wären, um Stoff für einen Kriminalroman zu liefern. Unsere durchschnittliche Lebenserfahrung ist für die Entstehung relevanter Kriminalgeschichten eine schlechte Voraussetzung, und das ist toll. Es ist ein riesiges Privileg, solche Erfahrungen nicht gemacht zu haben.

In der Folge aber bietet der überwiegende Teil der heimischen Produktion auf die Frage nach dem Grund ihrer Existenz keine überzeugendere Antwort als das Streben nach Leserunterhaltung. Das ist ein absolut ehrenhaftes, handwerkliches Anliegen. Wobei Handwerk goldenen Boden haben sollte. Die Knete aber, die ein Krimi durchschnittlich seinem Schöpfer bringt, reicht allenfalls für Laminat.

Was uns zurück zur Einstiegsfrage bringt …

Für einige in der Autorengilde ist der Grund zu schreiben – neben künstlerischem Streben, thematischer Dringlichkeit, Ruhmsucht und Geld – derselbe wie der, der Hunde dazu bringt, sich zwischen den Beinen zu lecken: Sie tun es, weil sie es können.

105 __ Whodunit
Die Mutter aller Krimiplots

Früher, also ganz früher, waren Whodunit und Kriminalroman quasi Synonyme. (Der Begriff steht für die Laut- und Kurzform von »Who has done it?« – »Wer hat es getan?«) Natürlich ist die Frage nach dem Täter in den meisten Krimis die entscheidende, im Whodunit aber ist sie die einzige. Schon die Eltern der damals noch jungen Krimikultur haben die Form an den Rand der Perfektion getrieben. Das Sammeln winziger Spuren, abseitiger Indizien und widersprüchlicher Nebensätze, die dem genialen Ermittler durch seine überlegene Intelligenz und Intuition Tatablauf, Motiv und natürlich Täter enthüllen, wurde von Herrschaften wie Holmes, Poirot und Marple in so überragender und, tja, erschöpfender Weise vorexerziert, dass mancher sich gar nicht mehr daran versuchen mag.

Die Ausgangslage ist im Regelfall eine Leiche. Immer gern genommen wird dann eine Gruppe potenzieller Täter, die aus irgendwelchen Gründen von Umwelt, Hilfe und Behörden abgeschnitten ist, vielleicht in einem eingeschneiten Landhaus, einem Zug, auf einem Schiff.

Vom Personal kommt auf den ersten Blick eigentlich niemand in Frage – außer einem, aber der war's nicht. Der geniale Ermittler blickt relativ schnell durch, möchte aber nicht darüber reden, weil Blödiane wie wir ihm auf die Nerven gehen. Hilfsweise wird deshalb gern ein → Sidekick installiert, etwa ein Dr. Watson, der für uns die dummen Fragen stellt und das Genie nötigt, wenigstens ein bisschen was zu erklären.

Am Ende versammeln sich dann alle im Kaminzimmer, und der Ermittler erläutert weitschweifig, warum alle verdächtig, aber eben auch fast alle nicht der Täter waren (obwohl manchmal doch).

Die Auflösung ist so, dass man als Leser auf keinen Fall darauf kommt und einem nichts übrig bleibt, als dem Genie des Ermittlers zu huldigen.

Und endlich mal wieder einen Hardboiled zu lesen.

Der Butler ist nicht immer der Mörder, aber immer verdächtig. Alec Guinness spielt ihn in »Eine Leiche zum Dessert« (im Original viel schöner »Murder by Death«), einem komplett durchgeknallten und sehr empfehlenswerten Film zum Thema.

106 — Whydunit
Wieso, weshalb, warum? Wer nicht fragt ...

Als die Mütter und Väter des Krimis feststellten, dass ihr Erstgeborener, der Whodunit, anfing, den Lesern und selbst ihnen auf die Nerven zu gehen, schenkten sie ihm nach und nach eine Reihe Geschwister. Eines davon, der kleine Whydunit, war ihrem Erstling anfangs ziemlich ähnlich. Man könnte sagen, um im Bild zu bleiben, die beiden rauften gern miteinander, manchmal derart, dass man sie kaum auseinanderhalten oder -bekommen konnte. Denn natürlich kann der Autor eines Whodunit seinen Ermittler nicht den Täter überführen lassen, ohne dessen Motiv mitzuliefern. Leicht vorstellbar und oft umgesetzt ist die Version, dass sich dem Ermittler zunächst das Motiv enthüllt und er dadurch erst auf den Täter kommt. Who und Why sind hier schwer zu trennen, aber das Gemisch bietet erzählerisch eine Menge Möglichkeiten.

Solo und konzentriert in Szene gesetzt jedoch ist der Whydunit meist das interessantere Kerlchen. Denn es geht ihm mehr um den Verbrecher als um den Ermittler. Der Leser kennt den Täter. Vielleicht hat er ihn bei der Tat beobachtet, vielleicht ist er mit ihm auf der Flucht, vielleicht sitzt er mit ihm in der Zelle.

Es bleiben typischerweise zwei mögliche Quellen, um Spannung zu erzeugen: die Frage, warum die Tat begangen wurde. Oder die, warum der Täter sie begangen hat. Das klingt spitzfindiger, als es ist. Bei der Betonung der Tat entsteht die Spannung aus dem vor der Tat, in der Vergangenheit, liegenden Plot (der sich mitunter auch rückwärts entwickelt).

Liegt die Betonung der Frage aber auf dem Täter, muss Interesse für dessen Persönlichkeit geweckt werden. Dazu benötigt der Leser eine Form von Empathie für ihn – das darf durchaus auch Hass sein. Wichtig ist, dass dieses Gefühl gegenüber dem Bösen bis zur Auflösung anhält oder – besser – sich entwickelt, verändert und wächst.

Man könnte das eine respektable schriftstellerische Herausforderung nennen.

Genau wie sein großer Bruder Whodunit hat der Whydunit es noch nicht in den Duden geschafft. Bis dahin darf man die beiden, wenn man will, auch mit zwei n schreiben. Genau wie ihr Geschwisterchen Howdunit. Der kleine Howcatchem fällt etwas aus der Reihe.

107_Worttitel

100 Experten, 111 Meinungen

Geht man die Sache ehrlich an, wird man zugeben, dass beim Krimi, wie bei jedem künstlerischen Produkt, das allermeiste Geschmackssache ist – es gibt kaum einen Aspekt, den man nicht so oder anders beurteilen kann. (Wie schön, dass Sie trotzdem bis hierher gelesen haben …) Am unmittelbarsten und wirkmächtigsten aber macht sich diese Tatsache beim Titel bemerkbar. Der Titel, ebenso wie das →Cover, wird in aller Regel vom Verlag festgelegt. Selbstverständlich dürfen Autoren Vorschläge unterbreiten, gern auch mehrere, sie werden auch wohlwollend zur Kenntnis genommen und bei Gefallen sogar abgenickt.

Aber eben nur bei Gefallen. Das führt nicht selten zu Irritationen. Bei allen Beteiligten. Autoren haben zu ihren gerade entstandenen Krimis eine Beziehung, die in etwa so rational ist wie die von Eltern zu ihren neugeborenen Kindern. Und ebenso wie jene kommen sie bei der Namensgebung manchmal auf nur schwer nachvollziehbare Ideen. (Oder auf Ideen, die nachvollziehbar sind, aber nicht gut: Man erinnere sich an die »Kevin-Katastrophe« der frühen 90er, ausgelöst durch einen bösartigen Film über einen unbeaufsichtigten sadistischen kleinen Jungen. Die Betroffenen leiden noch heute darunter.)

Auf Verlagsseite versuchen erfahrene Kräfte, das Schlimmste zu verhindern. Ihre Erfahrung stammt aus Hunderten aufreibender Titelkonferenzen, in denen oft genug um Silben gerungen wird. Andererseits wissen diese erfahrenen Kräfte um die Namen der aktuellen Bestseller und haben daher eine verlässliche Vorliebe für ähnlich Klingendes. (Wenn der gerade aktuelle Hit dann beispielsweise nach einer kompliziert-vielsilbigen alpinen Mehlspeise benannt ist, kann das zu benennende Buch schon mal Pech haben.)

Am Ende gelten zwei Faustregeln: Egal, wie es heißt, irgendwer wird den Titel doof finden. Und: Ist das Buch ein Erfolg, liegt es am Titel.

Ist es keiner, liegt es am Autor.

Verworfen für dieses Buch wurden die Titelvorschläge: *111 Dinge, über die man mal nachgedacht haben sollte, bevor man einen Krimi schreibt; 111 total tolle Texte übers Krimischreiben; 111 wahnsinnig witzige Wortmeldungen zum deutschen und internationalen Kriminalroman; 111 irre interessante Aufsätze über alles, was man sich zu Krimis denken kann; 111 Dinge über Krimis, die Martin Schüller immer schon mal loswerden wollte; 111 richtig wichtige Meinungen zu Krimis; 111 grandiose Essays zu allen wichtigen, interessanten und un*

108_Zehnfingersystem
Geht schneller, dauert aber etwas länger

Mickey Spillane tippte ausschließlich mit den Zeigefingern. Sein Mike Hammer war der härteste Detektiv seiner Zeit, und da Spillane umso härter zustieß, je härter die Szene wurde, war sein (physischer) Schreibstil eine echte Herausforderung an das (physische) Material. Die Lebensdauer seiner mechanischen Smith Corona war dadurch ziemlich begrenzt, und als sein Agent ihm eine moderne elektrische Maschine aufschwatzte, war sie in vier Wochen hinüber. Zwar reichten Spillane vier Wochen locker für eine Mike-Hammer-Story, aber wie lange eine dem Mann ausgesetzte PC-Tastatur gehalten hätte, kann man sich vorstellen.

An jemandem, der wie Spillane 200 Millionen Bücher verkaufte, möchte man natürlich nicht herumkritteln. Falls unter den Lesern also jemand ist, der ohne Zehnfingersystem Bücher verkauft, braucht er auf dieser Seite nicht weiterzulesen (die, die im Zehnfingersystem schreiben, sowieso nicht).

Allen anderen sei geraten, eine Zeit lang ein Stündchen am Tag zu opfern und zu üben. Ziel ist nicht, Perfektion zu erreichen, sondern nur, den Vorgang des Tippens zu beschleunigen. Denn dabei geht es ausschließlich darum, den Text optisch darzustellen – das ist vergleichbar mit der Tätigkeit eines Kochs, der ein von ihm komponiertes und zubereitetes Gericht auf einen Teller legt. Es ist schlicht nicht das Wesentliche und sollte zügig erledigt werden.

Es steckt kein Geheimnis dahinter. Auf der F- und der J-Taste sind kleine Erhebungen. Dorthin lege man seine beiden Zeigefinger und werfe einen langen, nachdenklichen Blick auf das Bild vor seinen Augen. Jeder Finger liegt in der Nähe bestimmter Tasten. Das sind »seine«, die hat nur er zu bedienen. Beim B darf man wählen. Jetzt einen beliebigen kurzen Text auswählen und abtippen. Immer wieder. Üben halt.

Es wird ein bisschen dauern, aber wenn man es regelmäßig macht, wird man langsam schneller.

Und schneller … Und schneller …

Richtig schnell wird es, wenn man nicht mehr auf die Tastatur schauen muss, sondern den Blick auf den Bildschirm richten und so Fehler sofort bemerken und korrigieren kann. Man kann aber auch einfach die Ruhe bewahren.

109 _ Zeitgeist
Er flattert im Wind

Dem Zeitgeist kann man kaum entgehen, wie jeden Menschen umgibt er auch Autoren wie das Wasser die Fische. Jeder Text atmet ihn, unvermeidlich. Wortwahl, Formulierungen und Bezüge werden immer auf eine bestimmte Epoche verweisen. Selbst wenn die Handlung in vergangenen Jahrhunderten spielt, wird der Text die Zeit seiner Entstehung verraten. Zwar kann man ihn aufwendig camouflieren, doch dann würde der Leser ihn eben einer anderen Epoche zuordnen, und wieder würde er einen Geist spiegeln, nur halt den dieser anderen, vorgetäuschten Zeit.

Gerade im Kriminalroman kann der Zeitgeist zum Problem werden, wenn er zu sehr betont wird. Der damit erzeugte Effekt lässt Texte nämlich in erschreckendem Tempo altern, und dieses Tempo nimmt immer weiter zu. Als Leo Tolstoi vor 150 Jahren »Krieg und Frieden« schrieb, lag Napoleons Russlandfeldzug schon über 50 Jahre zurück. Weglassen aber musste er allenfalls die Eisenbahn, selbst die elektrische Telegrafie steckte noch in den Kinderschuhen. Ein Text, in den heute ein bestimmtes Smartphone, eine App, ein Gadget, ein Autotyp eingebaut wird, ist übernächstes Jahr schon überholt und – was gefährlicher ist – in zehn Jahren vielleicht schon unverständlich. Zugegeben, die wenigsten heute erscheinenden Krimis werden in zehn Jahren noch lieferbar sein, aber man weiß ja nie.

Auch der aktuellen Sprache gegenüber muss man vorsichtig sein. Das Selfie mag es in den Duden geschafft haben, bedenken sollte man aber, dass die Nietenhose immer noch drinsteht (sogar die Schreibweise Niethose ist erlaubt).

Popstars, Sportler oder Politiker, die heute die Schlagzeilen beherrschen (oder deren digitale Entsprechung), können schnell im Vergessen enden, Staaten können sich auflösen, Parteien, Ämter, Institutionen oder Marken können verschwinden. Wer erinnert sich schon noch daran, dass es mal einen Postminister gab? Oder dass Twix mal Raider hieß?

In Deutschland war für Fernsprechapparate und Telex die sogenannte Graue Post zuständig. Deren oberster Chef war seit 1919 der jeweilige Minister für Post- und Fernmeldewesen. Wolfgang Bötsch, der letzte seiner Art, amtierte bis 1997.

110 Zeitgerüst
Tempus fugit, labor manet

Wie lange ein Reiter von Schnellwasser nach Winterfell braucht oder, sagen wir, ein Drache von Pentos nach Königsmund, ist Autorenentscheidung und mag auch mal differieren. Für Krimischreiber gilt, dass der ICE von Köln nach München viereinhalb Stunden braucht. (Na gut, brauchen sollte. Auf jeden Fall braucht er nie weniger.)

Unternehmungen und Bewegungen von Figuren in Plot und Gelände lassen in der Geschichte Zeit vergehen. Klingt trivial, wird aber leicht vergessen und ebenso leicht zum Problem. Der in der Geschichte vergehenden Zeit muss eine glaubhafte Länge gegeben werden. Wenn der Detektiv in A erfährt, dass der Täter in B ist, dann braucht der Täter irgendeine Beschäftigung in der Zeit, die der Detektiv benötigt, um zu ihm zu gelangen. Diese muss nicht zwingend geschildert werden. Die Frage aber, was die eine Person in der Zeit getan haben mag, die wir gerade mit der anderen Person verbracht haben, darf sich dem Leser allenfalls als Cliffhanger stellen. Der Autor muss jederzeit die Antwort kennen.

Das gilt für einzelne Szenen, besonders aber für die Gesamtentwicklung der Geschichte. Wie lange dauert ein bestimmtes Geschehen? Wie lange dauert es, bis die betroffenen Personen davon erfahren? Wie lange brauchen sie, um zu reagieren? Die Streben des Zeitgerüstes sollten ineinanderpassen, möglichst ohne zu quietschen. Ein gutes Schmiermittel sind eingestreute Details: Ein Halbsatz, in dem ein Restaurantbesuch oder ein Fernsehabend angedeutet wird, und schon sind Stunden gewonnen, in denen im anderen Strang die Personen agieren können.

Je enger das Zeitraster, umso heikler wird es. Kampfszenen müssen sorgfältig choreografiert werden, Verfolgungsjagden – besonders in real existierendem Gelände – exakt geplant.

Dass sie das im »Tatort« nicht machen, ist leider keine Ausrede. Dort *versendet* sich das. Krimiautoren wird es noch Jahre später unter die Nase gerieben.

Dieser Mann ist von Köln-Nippes zum Dom in unter zehn Minuten gelaufen, und das erstaunlicherweise über die Hohenzollernbrücke. Dass eine Olympia-Nominierung ausblieb, könnte mit seinem Ernährungsplan zusammenhängen.

111 — Zufall
Einmal ist keinmal, zweimal ist Mist

Der Zufall spielt im wahren Leben eine größere Rolle, als man gern hätte. Zufällig ist Stau. Zufällig ist man pleite. Zufällig gewinnt man nie im Lotto. Auch in der wahren Polizeiarbeit laufen lang gesuchte Verbrecher bei Rot über die Ampel, während zufällig ein Polizist danebensteht. Oder ein Bankraub wird durchgezogen, während der zufällig anwesende Polizist zufällig gerade auf dem Klo sitzt. Alles schon passiert.

Deshalb spricht auch nichts dagegen, so etwas in einem Krimi zu nutzen. Ist ja realistisch. Allerdings wird eine Story durch → Realismus nicht per se gut, allenfalls mit ihm, manchmal trotz.

Generell sollten Zufälle möglichst früh und zu Beginn eines Spannungsbogens passieren. Spannung per Zufall aufbauen ist zulässig. Unzulässig ist – erst einmal gar nichts beim Schreiben, *aber*: den Spannungsbogen durch einen Zufall aufzulösen steht im krassen Widerspruch zur grundlegenden dramatischen Idee des Krimis.

Der Zufall kann ein absolut glaubwürdiger Zünder von Geschichten sein, als solcher darf er auch nach Herzenslust verwendet werden. Wenn ein ehemaliger Klassenkamerad, der leider auf dem Karriereweg ein bisschen ins Abseits geraten ist, dem Protagonisten zufällig über den Weg läuft und ihn in einen gerade laufenden Coup verwickelt, dann ist das ein erprobtes Instrument, um den Plot in Bewegung zu bringen.

Weitere Zufälle in der Story, wenn sie denn wirklich unverzichtbar sind, sollten nach aller Möglichkeit nicht in Verbindung mit dem vorhergegangenen Zufall stehen. Es sollte also *nicht* auch noch die alte Lehrerin der beiden vorbeikommen.

Denn ein erster Zufall mag als Auslöser funktionieren – der nächste ist schon zu viel. Der zweite Zufall raubt das Vertrauen der Leser in die Konsistenz der Geschichte – das heißt: das Vertrauen in den Autor. Und das ist das Letzte, worauf wir verzichten können.

Einer der großen Zufälle der Kriminalliteratur: Zwei sich wildfremde Menschen lernen sich völlig zufällig in einem Zugabteil kennen. Auf welche kriminellen Ideen man dann kommen kann, hat Patricia Highsmith genial erzählt und Alfred Hitchcock ebenso verfilmt.

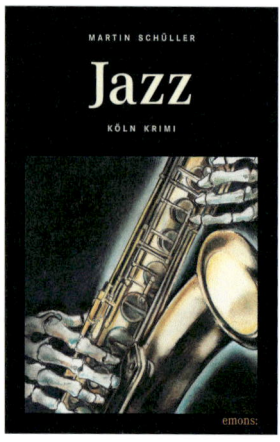

Martin Schüller
Jazz
Köln Krimi
ISBN 978-3-89705-166-9

Martin Schüller
Kunstblut
Düsseldorf Krimi
ISBN 978-3-89705-289-5

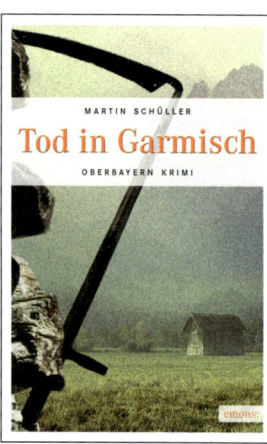

Martin Schüller
Tod in Garmisch
Oberbayern Krimi
ISBN 978-3-89705-656-5

Martin Schüller
Die Seherin von Garmisch
Oberbayern Krimi
ISBN 978-3-89705-726-5

Martin Schüller
Der Teufel von Garmisch
Kriminalroman
ISBN 978-3-89705-899-6

Martin Schüller
Der Himmel über Garmisch
Kriminalroman
ISBN 978-3-95451-300-0

Martin Schüller
Der Bulle von Garmisch
Kriminalroman
ISBN 978-3-7408-0004-8

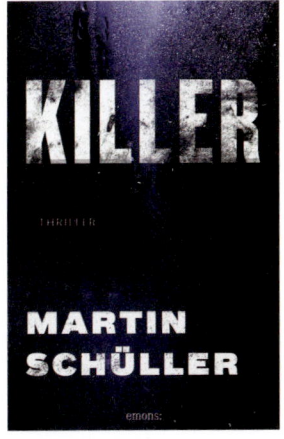

Martin Schüller
Killer – Jubiläumsausgabe
Thriller
ISBN 978-3-95451-431-1

Klaudia Blasl
**111 tödliche Pflanzen,
die man kennen muss**
ISBN 978-3-7408-0441-1

Theo Pagel, Brian Batstone
**111 Dinge über Elefanten,
die man wissen muss**
ISBN 978-3-7408-0349-0

Martin Droschke, Norbert Krines
**111 deutsche Craft Biere, die
man getrunken haben muss**
ISBN 978-3-7408-0338-4

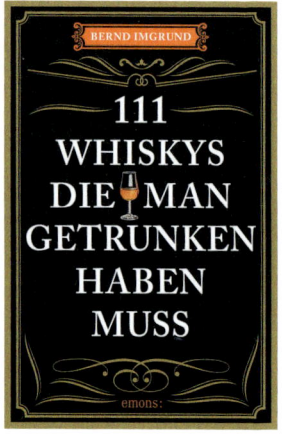

Bernd Imgrund
**111 Whiskys, die man
getrunken haben muss**
ISBN 978-3-7408-0242-4

Oliver Buslau
111 Werke der klassischen Musik, die man kennen muss
ISBN 978-3-7408-0236-3

Carsten Sebastian Henn, Tobias Fassbinder
111 deutsche Weine, die man getrunken haben muss
ISBN 978-3-95451-465-6

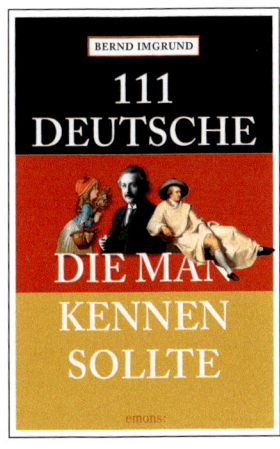

Bernd Imgrund
111 Deutsche, die man kennen sollte
ISBN 978-3-95451-836-4

Christina Gruber, Gerhard Schmidt, Thomas Schildmann
111 Drehorte berühmter Filme & Serien in Nordrhein-Westfalen
ISBN 978-3-95451-928-6

Fotonachweis:

S. 5: shutterstock.com/Everett Collection; S. 13: mauritius images/Collection Christophel; S. 17 oben: shutterstock.com/Ignatius Tan, unten: mauritius images/maxblack/Alamy; S.19: akg-images/picture-alliance/dpa; S. 21: akg-images; S. 25: shutterstock.com/Jack Jelly; S. 27: picture-alliance/ZB; S. 29: shutterstock.com/Rene van Rijn; S. 31: shutterstock.com/Marsan; S. 33: akg-images; S. 35: mauritius images/Collection Christophel; S. 39: mauritius images/United Archives; S. 41: shutterstock.com/Drazen Vukelic; S. 45: picture-alliance/dpa; S. 47 oben und unten: mauritius images/Collection Christophel; S. 49: mauritius images/Collection Christophel; S. 51: shutterstock.com/everst; S. 53: mauritius images/Collection Christophel; S. 55: istockphoto.com/Cebas; S. 57: mauritius images/United Archives; S. 61: mauritius images/United Archives; S. 63: WikimediaCommons/Frank Vincentz; S. 65: mauritius images/JT Vintage; S. 67: shutterstock.com/donatas1205; S. 69: picture alliance/dpa; S. 71: photocase.com/kallejipp; S. 73: shutterstock.com/PinkyWinky; S. 75: mauritius images/Alamy; S. 77: mauritius images/SuperStock; S. 79 oben: mauritius images/Collection Christophel/Lorimar Film Entertainment/Victory Company, unten: photocase.com/PolaRocket; S. 81: picture alliance/Henning Kaiser/dpa; S. 83: mauritius images/Collection Christophel; S. 85: shutterstock.com/Y Photo Studio; S. 87: shutterstock.com/Drazen Vukelic; S. 89: shutterstock.com/Bildagentur Zoonar GmbH; S. 91: shutterstock.com/Atomazul; S. 93: picture allaince/Everett Collection; S. 95 oben: mauritius images/Collection Christophel, unten: mauritius images/United Archives; S. 99: shutterstock.com/hermitis; S. 101: shutterstock.com/Ryan Jorgensen – Jorgo; S. 103: mauritius images/Collection Christophel; S. 105: picture alliance/United Archives; S. 107: mauritius images/United Archives; S. 109: picture alliance/ZUMAPRESS.com; S. 111: shutterstock.com/blessings; S. 113: picture alliance/AP Images; S. 115: mauritius images/United Archives; S. 117: WikimediaCommons/Edward Hands; S. 119: shutterstock.com/Firma V; S. 123: mauritius images/Alamy; S. 125: Ralf Bauer; S. 127: mauritius images/United Archives; S. 129: shutterstock.com/pavelgr; S. 131: shutterstock.com/Wasu Watcharadachaphong; S. 133: mauritius images/United Archives; S. 135: shutterstock.com/Alekseyliss; S. 137: Martin Schüller; S. 139: shutterstock.com/sezer66; S. 141: picture alliance/zb; S. 143: shutterstock.com/Jo Jones; S. 145: mauritius images/United Archives; S. 147: shutterstock.com/Maksim Shmeljov; S. 149: shutterstock.com/Menna; S. 151: shutterstock.com/Pavel1964; S. 153: WikimediaCommons/Joost J. Bakker; S. 155: istockphoto.com/Grosescu Alberto Mihai; S. 157: istockphoto.com/fotoslaz; S. 159: mauritius images/United Archives; S. 161: Martin Schüller;

S. 163: shutterstock.com/juat; S. 165: Shutterstock-com/VLADGRIN; S. 167: shutterstock.com/Aucha Cheechang; S. 169: shutterstock.com/olpo; S. 173: shutterstock.com/FooTToo; S. 175: shutterstock.com/LiliGraphie; S. 177: shutterstock.com/pikcha; S. 179: shutterstock.com/Olivier Le Queinec; S. 181: picture alliance/Everett Collection; S. 183: shutterstock.com/Bartolomiej Pietrzyk; S. 185: shutterstock.com/Tao55; S. 187: photocase.com/Jan Merkle; S. 189: picture alliance; S. 191: shutterstock.com/Neale Cousland; S. 193: picture-alliance/akg-images; S. 197: picture alliance/Everett Collection; S. 199: picture alliance/United Archives/IFTN; S. 201: shutterstock.com/Wallenrock; S. 203: picture alliance/Everett Collection; S. 205 oben: shutterstock.com/Samo Trebizan, unten: shutterstock.com/Cheng Yi; S. 207: shutterstock.com/bbernard; S. 209: James N. Frey; S. 211: shutterstock.com/tobkatrina; S. 213: photocase.com/LisaSchaetzle; S. 215: picture-alliance/KPA Copyright; S. 217: shutterstock.com/Grzegorz Pedzinski; S. 219: shutterstock.com/Rbk365; S. 221: picture alliance/Everett Collection; S. 223: Martin Schüller; S. 225: photocase.com/MichaelJBerlin; S. 227: shutterstock.com/Grzegorz Zdziarski; S. 229: shutterstock.com/Royik Yevgen; S. 231: picture alliance/dpa; S. 233: akg-images/János Kalmár

Der Autor

Martin Schüller, geboren 1960 im Rheinland. Nach 25 Jahren als Schlagzeuger, Komponist und Texter in diversen Rock- und Jazzbands wechselte er die Kunstform und wurde Schriftsteller. Seitdem veröffentlichte er neben Hörspielen, Glossen und Kurzkrimis auch zehn Kriminalromane im Emons Verlag, darunter Köln-, Düsseldorf-, Jazz-, Rock-'n'-Roll- und Kunstkrimis. Zurzeit erfolgreich ist seine Oberbayern-Reihe um Kommissar Balthasar Schwemmer.